SITEJIAOYUXILIECONGSHU

师生情难忘

《“四特”教育系列丛书》编委会　编著

吉林出版集团股份有限公司
全国百佳图书出版单位

图书在版编目（CIP）数据

师生情难忘／《“四特”教育系列丛书》编委会编著．—长春：吉林出版集团股份有限公司，2012.4

（“四特”教育系列丛书／庄文中等主编．在故事中升华经典）

ISBN 978-7-5463-8674-4

I. ①师… Ⅱ. ①四… Ⅲ. ①师生关系－中小学－通俗读物 Ⅳ. ① G635.6-49

中国版本图书馆 CIP 数据核字（2012）第 044103 号

师生情难忘
SHISHENG QING NANWANG

出 版 人　吴　强
责任编辑　朱子玉　杨　帆
开　　本　690mm × 960mm　1/16
字　　数　250 千字
印　　张　13
版　　次　2012 年 4 月第 1 版
印　　次　2023 年 2 月第 3 次印刷

出　　版　吉林出版集团股份有限公司
发　　行　吉林音像出版社有限责任公司
地　　址　长春市南关区福祉大路 5788 号
电　　话　0431-81629667
印　　刷　三河市燕春印务有限公司

ISBN 978-7-5463-8674-4　　　　定价：39.80 元

前 言

学校教育是个人一生中所受教育最重要组成部分，个人在学校里接受计划性的指导，系统地学习文化知识、社会规范、道德准则和价值观念。学校教育从某种意义上讲，决定着个人社会化的水平和性质，是个体社会化的重要基地。知识经济时代要求社会尊师重教，学校教育越来越受重视，在社会中起到举足轻重的作用。

"四特教育系列丛书"以"特定对象、特别对待、特殊方法、特例分析"为宗旨，立足学校教育与管理，理论结合实践，集多位教育界专家、学者以及一线校长、老师们的教育成果与经验于一体，围绕困扰学校、领导、教师、学生的教育难题，集思广益，多方借鉴，力求全面彻底解决。

本辑为"四特教育系列丛书"之《在故事中升华经典》。

这是一部写给老师的书，因为故事中蕴含着慈爱、和谐、人性的教育方式；这也是一部写给学生的书，因为故事中洒满老师们对学生的温暖、感动、爱意、执着、顽强与刚毅……

教育是一门科学，也是一门艺术，是塑造人心智的高超艺术。对于教育人人都有自己的看法，而这本书中的观点能给人以许多启示。本书还汇集了众多著名教育学家、知名教师的经典教育文论，共同领略著名专家学术研究风范，引领我们进入教改理论与实践前沿，分享最新研究成果，把握创新教学理念脉搏，感悟前瞻性的教学思想。

教育，润物无声，是一种智慧、一种境界、一种追求。教育的这种智慧，这种境界，这种追求，虽然无声无形，但却有踪迹可寻。在教育实践中，那一个个平凡却并不平淡的片段，或呈现出教师解决问题的教育智慧；或记录着教师走出困惑的教学经历；或展现出教师奉献爱心的热忱。回顾那一个又一个生动的教育实践，既是一个沉淀的过程，也是一个升华的过程。

本辑共20分册，具体内容如下：

1.《师生情难忘》

如果我们的人生有一段华美的乐章，那一定来自老师教给我们的7个音符！一天天，一年年，我们在校园里茁壮成长。从懵懂孩童到青春飞扬，然后进入社会大舞台搏击人生。老师谆谆教诲的深情，是我们前行的灯火，给我们温暖、力量和信念……本书选录了100篇发生在师生之间的真情故事。这些平凡而真切的故事，让我们感动，让我们沉思，让我们回忆，让我们心怀敬意和感激……

2.《记忆深处》

翩翩红叶，徐徐飘落，总不忘留给土地柔软与肥沃；涓涓泉水，潺潺流淌，总不忘带给岸边甘甜与欢歌。享受"师生"情，奉献真诚心！让我们把握这份情，让心灵浸润在肥沃的土壤，开出绚烂的花朵；让我们紧守这份爱，让生命谱写圣洁的乐曲，唱出青春的赞歌。

在坎坷的人生道路上，是谁为我们点燃了一盏最明亮的灯；在荆棘的人生旅途中，是谁甘做引路人为我们指明前进的方向……是您，老师，把雨露洒遍大地，把幼苗辛勤哺育！无论记忆多么久远，每当想起老师，依然激情难耐；每当面对熟悉的老师，那一瞬间，那一件小事……总是激起我们对老师久蓄于心的感激……

3.《成长足迹》

这是发生在校园里的平凡而又感人至深的师生故事。因为爱，所以在教育的天空下，才会发生这么多感人的故事，这些也是对教育生命的审问、感怀和确认。这是一部写给老师的书，因为故事中蕴含着慈爱、和谐、人性的教育方式；这也是一部写给学生的书，因为故事中洒满老师们对学生的温暖、感动、爱意、执着、顽强与刚毅……

4.《悸动的心灵》

追忆往事并不是轻而易举的事情，在漫长的教育生涯中发现自己最难忘的某一个瞬间，其实也就像重新获得一种生存的意义一样美妙。这些教育故事也许并不是教育的解决之道，但却是对教育生命的审问、感怀和确认。也许我们更应该在教育中活出自己，也许我们既活在未来更活在无限的过去，在这些纷繁复杂却又素朴平凡的场景中，有最乐意的付出，有泪水和智慧，更有日日夜夜用心抒写因而温润无比的爱。

5.《春暖花开》

教育是一门科学，更是一门艺术。执著并献身于教育，不仅需要大步向前，也需要回头反思。回顾那一个又一个生动的教育实践，既是一个沉淀的过程，也是一个升华的过程。走进本书，这里全是暖暖的爱。

6.《孩子的微笑》

教育，润物无声，是一种智慧、一种境界、一种追求。教育的这种智慧，这种境界，这种追求，虽然无声无形，但却有踪迹可寻。在教育实践中，那一个个平凡却并不平淡的片段，或呈现出教师解决问题的教育智慧；或记录着教师走出困惑的教学经历；或展现出教师奉献爱心的热忱。

7.《故事里的教育智慧》

本书主要关注家庭教育、学校教育及社会教育中家长与孩子、教师与孩子、孩子与孩子之间的故事，它的特色是小故事蕴含大道理。其宗旨是：讲述真实的教育故事，研究深切的教育问题，创生新锐的教育思想，激活精彩的教育行动。其风格是：直面真实，创新为本和故事体裁。

8.《难忘的教育经典故事》

根据家长、教师和孩子的困惑，用各种形式的教育故事讲述一些很明白的道理，引导人用智慧的手段促进人的成长。这些故事或来自国外的或来自一线教学的实践，对于教育类人群均具有启发性。一个个使教师深思的小故事，一个个让学生向善的小故事，让我们教师真正领会生命教育的内涵。从现在开始关注生命的成长，关注人类的发展，关注社会的进步。

9.《中国教育名家印记》

在人类文明的进程中,数不清的教育大家,手擎着大旗,浓书着历史,描绘着蓝图,才有了今日教育的巨大进步。他们站在教育的殿堂里,发出的宏音,留下的足印,历史永远都不应该忘记,也不会忘记。

本书编者放眼中国教育进程,遴选出对教育产生重大影响的国内近百位教育名家,对其生平、教育思想、学术成果等进行介绍评说。

10.《外国教育名家小传》

在人类文明的进程中,数不清的教育大家,手擎着大旗,浓书着历史,描绘着蓝图,才有了今日教育的巨大进步。他们站在教育的殿堂里,发出的宏音,留下的足印,历史永远都不应该忘记,也不会忘记。

本书编者放眼人类教育进程,遴选出对教育产生重大影响的近百位世界教育名家,对其生平、教育思想、学术成果等进行介绍评说。

11.《随手写教育》

什么是良好的教育?教育是诗性的事业?性教育何去何从?是否应该把儿童世界还给儿童?假设陈景润晚生40年……本书汇聚了中国最佳教育随笔,对于和教育相关的各个方面问题都有所畅谈,对于教育者和被教育者来说都有所裨益。

12.《我心思教育》

本书涉及到了教育学众多的重要领域和主题,包括教育的真义、教育的价值、教育与社会、教育与生活、课程与教学、道德教育、师生关系、教师的学习与成长等等。它力图用感性的文字表达理性的思考,用诗意的语言描绘多彩的教育世界,以真挚的情感讴歌人类之爱,以满腔的热情高扬教育的理想与信念。

13.《教育新思维》

本书站在教育思想的前沿,以既解放思想又科学审慎的态度,兼用独特的视角,论述了近年的教育理论新说,涉及"教育呼唤'以人为本'"、"公民教育"、"素质教育新解读"、"教育公平与政府责任"、"创新人才培养"、"文化传承与创新"、"教育家办学"等热门话题。这些文章,不避偏,不畏难,遵循教育发展规律和中小学生身心发展规律,引领教育理念和教育实践,反思教育行为误区,无不闪烁着思想和智慧的光芒。对于渴望提升自身理论素养的教育工作者来说,这本书值得一读。

14.《名家名师谈教育》

本书使读者在学习和掌握教育理论的同时,领略到文章的理趣、情趣和文趣,既有助于深厚教师的文化底蕴,又有助于帮助广大教师确立对于教育的理想与信念;既有助于培养和激发广大实践工作者的理论兴趣,又能帮助教师生成教育的智慧和提升广大读者对于生活的热爱与柔情。

15.《世界眼光看教育》

本书荟萃了多位世界级教育思想巨擘的主要思想。从皮亚杰的发生认识论、维果茨基的文化—历史理论、布鲁纳的结构主义,加德纳的多元智能一直到诺丁斯的关怀教育思想等等,现当代世界教育思想的发展脉络清晰、准确而完整。

本书既有思想评介,又有论著摘录,无论教育研究人员还是一线教育工作者,均可非常便捷而精准地从中获得思想大师们的生动启迪，加深对当代教育发展特质的深切理解，是教育、教研、教学工作者不可多得的必备工具书。

16.《大师眼中的教育》

这不是一本以教育专家的身份、眼光、学养来谈教育的书。本书各篇文章提供了许多新史实、新观点，为我国教育史和教育理论工作者长期以来对某些历史人物评价的思维定势提供了新的清醒剂。

17.《教育箴言》

名人名言是前入留给我们的精神财富和智慧结晶。阅读它，不仅能丰富知识，陶冶情操，更能为我们的人生之路指引方向。该书着重论述三方面的内容：教育——造福人类的千秋伟业；教师——人类灵魂工程师、育人的典范；师德——塑造教师灵魂的法宝。

18.《百家教育讲坛》

这是一本兼具思想性、可读性和经典价值的教育智慧读本。书中介绍了孔子、卢梭、爱因斯坦、康德、梁启超、杜威、蔡元培、叶圣陶等几十位古今中外思想家、科学家、教育家关于教育的精彩论述，集中回答了教育的本质、教学的艺术、知识之美、教师的职业生活、儿童的成长等问题。探幽析微，居高声远，让我们直窥教育本原之堂奥。归真返璞，正本清源，你会发现，教育，原来可以如此朴素而美好。

19.《名师真经》

本书从专家心理学研究出发，以新教师到专家教师这一成长过程为线索，剖析了教师在专业化发展中出现的主要问题与阶段性特征，动态性是展现了教师成长的内在原因与实质，并有针对性地提出了促进新教师成为专家教师的系列化教学理念、观点与方法，这有助于教育研究者与实践工作者深入理解教师专业发展的规律，有利于在观念层面上树立科学的教师人才观，以制定行之有效的教师培养方法与措施。

20.《师道尊严》

本书意在激励教师以站着的方式获得成功。全书讲述了站着成长的精神、站着成长的思想、站着成长的基础、站着成长的学问和站着成长的行动。全书力求字字诉说教师成长之心声，篇篇探寻教师优秀之根本，章章开启教师幸福之道路。

由于时间、经验的关系，本书在编写等方面，必定存在不足和错误之处，衷心希望各界读者、一线教师及教育界人士批评指正。

编者

目录 CONTENTS

第四章　教育反思　……(95)

第一章
感悟心灵

沟通从心开始

◇ 陆振球

曾经有一个小学生，他在一次考试中作弊被发现了。他痛哭流涕地向老师保证不再重犯，但班主任还是让他叫家长来学校。回家后，一顿“竹笋炒肉片”也就少不了了。从此他恨死了班主任，开始讨厌班主任上的课，尽管班主任的课上得是那么生动活泼。他在一次次的故意开小差以及和老师对着干中品尝着复仇的快乐。

有一次，在上班主任的课时，他百无聊赖地在一张纸上画了一个猪头，并且在下面写道“我最讨厌×××老师”。他太专注了，竟然没有发现班主任已经站在了他的身后。课后，他跟着班主任来到了办公室，班主任看着那张纸，沉思了很久。孩子吓得话都说不出来了，他想到了爸爸抡圆的巴掌……

结果老师说了一句孩子完全料想不到的话：“你这句话里有两个错别字，这两个字应该这么写，回去把这两个字各订正十遍，放学前交给我。”孩子傻傻地离开了办公室，以前所未有的认真，工工整整地写了二十遍。从此那个学生再也没有和老师对着干，他开始认真学习，在小学毕业时他考上了重点中学。

那个学生就是我！

现在我也当了一名教师，我深深明白了教师教育学生的不易，要很好地和学生沟通，要走进学生的内心是需要技巧的，甚至可以说这是门艺术。

我的老师为我上了人生最宝贵的一课，他让我明白了宽容的力量，宽容把我内心那层敌对的隔阂消融了。

学生处在一个是非观念逐渐建立的阶段，教师就是帮他建立是非观念的人。要如何将正确的观念植根到孩子们的心里，靠的不是压力、不是一味的说教，而是要靠心悦诚服的熏陶，靠教师自身的人格力量——有宽容，但还不够，还要有理解、尊重和默默的关怀……

其实，这就是2500年前，孔子说的那句老话：“己所不欲，勿施于人。”这句话说出了师生沟通的全部艺术。

所谓“己所不欲，勿施于人”，就是用自己的心推及别人——我们不愿意别人怎样对待自己，就不要那样对待别人。总之，从自己的内心出发，推及学生、理解学生、对待学生。

在教育过程中，总是有教师能很好地运用“己所不欲，勿施于人”的沟通艺术，赢得学生，赢得教育！

曾经有一位年轻的教师第一次担任高一年级的班主任，很多同事担心他能不能征服这些半大不小的孩子们。这位教师在开学初前往光福军营进行新生军训的一个星期里，和同学们一样住军营洗冷水澡，一同吃食堂不吃零食，一同晒太阳，一同站军姿……当这位教师带着可以和非洲人媲美的肤色回到校园里时，这个班级47名同学已经在内心深处认同了这位老师，心悦诚服地接受这位教师的教育。

这个班级里有一位年级里名气颇响的“问题学生”，厌学情绪十分严重，经常旷课、逃课，每位老师对他都头疼不已。他的班主任没有简单地批评他或者把他的家长叫到学校。他一次次地来到这位同学的家里进行家访，了解情况，在2002年下半年他足足家访了9次！

有一次，他深夜家访回来时因雨天路滑还狠狠地摔了一跤，把脸都划破了。第二天，当他带着无法掩饰的伤痕进入教室时，面对同学们好奇的目光，他只是淡淡地解释了一句：“昨天不小心在门上撞的。”只有那位同学深深知道这个伤痕背后的故事。从此，他变了！也许他不会一下子变成一名优秀学生，但他在努力，这就够了！

他在一个学期里将班级里四十几名同学全部走访了一遍，他走遍了苏州城的大街小巷。他发现了班级里有特别贫困的还住在泥坯房里的同学，他垫钱为这个好强的孩子请来辅导老师；发现了因父母原因造成特殊家庭的学生，他发动同学们为他过十八岁的生日。他简直就像一只护雏的老母鸡。

真心的付出换来的是同学们对他的尊敬和爱戴——孩子们有什么话都愿意对他说，他们觉得老师就像一个大哥一样关心着他们，他们背地里都叫他“大哥”。

其实这位教师就是我！

虽然，我工作的时间不是很长，和教育界的各位前辈比起来，也许只算是教育战线上的一名新兵，但我真的很想把我在教育过程中收获的点点滴滴甘苦和大家分享。

也许有的人会说：作为一所普通中学的年轻教师，面对在心理或学习习惯上存在种种偏差的学生要做到全心全意的付出，谈何容易啊？

但我深深记得刚刚踏上工作岗位时一位老教师对我说的一句话："教育工作要做到'三真'：真情实意，让学生体会到你的爱心与关怀；真情流露，让学生感到你是真真切切的一个人；真心付出，才能让学生懂得奉献、学会做人！"

是口号吗？不！当学生认真地告诉我她以后也要做一名教师，来和我并肩作战的时候；当学生只是默默地陪着我工作了两个小时后又无声离去的时候；当学生在我的留言板上留下怀念高中生活的话语的时候；当有学生多年来有困惑就第一个想要对我说的时候；当有学生比我先一步报名捐献骨髓的时候……在我心里涌动的那份感动和喜悦就是我付出的最好回报！

付出的是真诚！投入的是真心！涌动的是关爱！收获的是喜悦！在我和学生之间隔阂是不存在的！代沟也是不存在的！

因为我们之间的沟通是从心灵开始的！

孩子们的愿望

◇ 张香萍

小时候听老师讲过这样一个故事：故事中的小女孩得到了一朵七色花，每撕下一枚花瓣就能实现心中的一个愿望。童年的日子，我常常幻想着也能得到这样一朵七色花，就可以满足我的愿望，吃想吃的东西，玩想玩的游戏，穿漂亮的花衣服，还可以得到一大堆的玩具……

长大了，当了一名老师，我把这个故事讲给孩子们听，他们都瞪大眼睛听得入神。"故事讲完了，孩子们，你们想有一朵这样的七色花吗？""想！""那你们最想实现什么愿望呢？"

我想，孩子们一定会这样回答：我想买新衣服，我想买好吃的，我想得到玩具……毕竟，这只是一群一年级的孩子，他们的梦应该就是这些。

但是，孩子们是这么回答的：我最希望得到妈妈的一个吻；我希望能在星期天和爸爸妈妈一起吃顿饭，去一趟游乐场；我希望爸爸晚上能在我睡觉之前就回家；我不想呆在奶奶家，我希望爸爸妈妈不要这么忙，能把我接回家住；我希望不要有星期天，最好每天上学，因为我怕一个人呆在家里……

孩子们的想法完全出乎我的意料，如果说我们小时候缺乏的只是物质，而现在的孩子更多的是缺少精神生活。年轻的父母们忙着操心自己的事业，把自己的孩子给忽视了，他们不知道，孩子是稚嫩的、幼小的，他们柔软的心需要更多的抚摸和呵护，长期的孤独感会使得他们那颗缺乏温情抚摸的心变得脆弱而冷漠，而精神上的需求不是物质所代替得了的。他们盼望父母们能从繁忙的工作中挤出一点点时间陪伴自己，他们盼望着能享受更多的骨肉亲情。

作为一名老师，我无法让自己变成一枚七色花瓣，来实现每个孩子的愿望，我所能做的只是在电话里告诉他们的爸爸妈妈这样一个故事和这样一个答案，也希望有更多的爸爸妈妈能看到这个故事。你们才是花瓣，只有你们才能实现他们的愿望。

老师，能不能站在我身边

◇ 徐海霞

下课的铃声刚响，素有“调皮大王”之称的包胜昔气喘吁吁的跑到我的身边，把家庭作业本递给我批。我看了看他微红的小脸，心平气和地说：“咦，你们组长怎么回事？他竟然没收你的作业？”“不，老师。是我没有及时交给组长。”听到他这么说，我心中一阵欢喜，于是我一边给他批作业一边和他聊开了，他也很大方地和我谈论着同学之间的一些事情。慢慢地，我把话题转到课堂上，我轻轻地问：“我发现你课堂上经常走神，或者和后面的同学讲话。是不是老师课堂上讲错了，还是你不喜欢老师的讲课？我想你的答案一定能帮助老师提高教学水平，请你一定实话实说，好吗？”也许我的真诚感动了他，他愣住了，随即羞涩的低下了头，说：“不是老师的问题。是我自己不认真。”“真不是我的问题吗？”我追问。他坚决地点了点头。“如果真是这样，你想改变吗？”我又问。“想！”“那你能熬住上课不做小动作吗？”我看着他问。他一声不吭，好久好久，犹豫着摇了摇头。

我望着他，拉起他的小手，爱抚地说："包胜昔，你爸爸妈妈给你起了一个特别有意义的名字。胜昔，你知道它的含义吗?""我知道，就是今天胜过昨天。"我高兴地说："你看你多聪明啊！你能不能想一个办法让自己今天比昨天做得好?如果你控制不住，老师很愿意帮助你，好吗?"他想了想，说："老师，你上课时，能不能站在我的身边，这样我就不会做小动作了。""就这?"我疑惑地问。"就这！"他坚定地点了点头。我又忍不住爱抚地拉了拉他的小手，说："行。"

上课铃声响起，我走进教室，看到他正坐得端端正正地等待着。课堂上，我有意无意地来回走在他的身边，不时用爱抚的眼光看看他，我欣喜地发现今天他听得特别认真，直到下课他都没有做过一回小动作。

"老师，能不能站在我的身边?"如果它也算是一个要求的话，实在是再简单不过，再普通不过了。我咀嚼着孩子的话，不禁想起了一个故事：一个孩子曾问爷爷："您有花皮球吗?"爷爷说："没有。"不料孩子并不满足，而是一口气把这个问题问了四遍。爷爷挺纳闷，于是在连续回答了四次后反问了一句："你为什么老问这个?"孩子说："我喜欢听您说'没有'。""为什么?""因为，胡子一翘一翘的，特好看。"

于是爷爷笑了，胡子笑成了花——不为别的，就为小孙子的这个"希望"。这就叫温暖。此刻，我也分明感受到孩子内心渴求的一份爱、一份关注、一份温暖。老师的爱是希望的摇篮，老师的温暖是成长的动力。孩子的心灵就像一块块绿洲，他们需要阳光雨露，需要关怀温暖，洒一片爱，暖一颗心，给他们一个美丽的童话，他们定会还你一个惊喜。

我心中的桃李园

◇ 张向阳

十年前，校园里有一片果园。说是果园，其实也只是在学校中心路的东侧栽了十余棵桃树，在西侧栽了十余棵梨树，便取名为"桃李园"。

每年桃花盛开的季节，花香四溢，美丽洒在校园里，谁看了都高兴。尽管那梨树是只开花不结果，但每年桃花谢了，那小小的果实便挂满枝头，常可见孩子们在树边看着，也许都在等桃儿长大吧。桃儿真的长大了，一个个青果挂在枝头，尽情的展示着成长的诱惑。

到了星期天，常有孩子们溜进校园，偷偷地摘上一个尝尝，遇到贪心一点的，也许会塞满口袋。还没等桃子长熟，便在不知不觉间被孩子们都吃完了，最多也只有一两个躲在茂叶的背后，而侥幸存下来。但这存下来的，已长成了硕大而鲜美的真正的水蜜桃。

当时，我做少先队辅导员，也真是为这桃儿的事操透了心。虽说有时也逮住几个偷吃的孩子，又能怎么着。再说也不能星期天在学校里值班，专门守卫着这些半熟的桃子吧。

第一年就这样过去了，桃李园是梨子只开花不结果，桃子也是近乎颗粒无收。

第二年又到了花开的季节，同样的春光烂漫，同样的担心与无奈。有什么能抵挡住这青涩果实的诱惑？我们在思考。

当一张倡议书贴出后，孩子们心中就有了一份等待与希望。我们以大队部的名义，要求每个孩子们都关心桃儿的成长，当桃子成熟时，我们全校来一个蟠桃大会，大家一起来品一品我们自已种植的、守护的果实。

当然，这也离不开班主任的宣传，当蟠桃会的倡议贴出后，到桃园里偷吃青果的孩子少了，甚至可以说没有了。

孩子与老师们每天都在看着那满树的桃儿长大。

桃儿长大了，成熟了。我与各中队的中队长提着篮儿，来桃园里尽情地采摘着喜悦，然后，便将满篮的喜悦带到每一个班级，让每一个孩子都能细细地品上一口。

孩子们吃得真甜，老师们也是。看着孩子们细品慢咽的样子，我也与孩子们一起尝一尝，真甜。

就这样，每年的花开，就给孩子们带来了花开的希望。

只是那一年，好像是1997年吧，在桃儿快成熟时，一阵暴风骤雨，将即将成熟的满树的果儿，打得遍地都是。树上只剩下不多的桃子了，但果实长得比以往任何一年都大。看着可以数得出个数的桃儿，我们决定，将这仅剩的收获给六年级的孩子们。

六年级的孩子们在毕业离校前的日子里，分享了这甜蜜的幸福。其实，果实是不多的，平均每人一个都不到，但孩子们毕竟有他们自己享受幸福的办法。

而我们只能遗憾地告诉其他年级的孩子们，明年，我们会有收获的。

到了1998年花开的季节，一棵棵桃树、梨树在一个充满阳光的早晨，都倒在阳光下。很快，一块平整的草坪便出现在校园中心路的两侧，很是时尚与现代。

满眼绿色，但那令人陶醉的桃花、梨花，那分享果实的甜蜜何时能再现校园？

微笑的力量

◇ 吴利妹

清脆的掌声，真诚的笑声，清晰的祝贺声，弥散在这洒满夕阳的小教室。

全班同学的目光被倩倩有些慌乱的脚步和稍稍发抖的双手牵引着，最后定格在已经捧在老师手里的作业本上。

倩倩因为爱拖欠作业，成了全班同学不喜欢的一个学生。“倩倩数学作业没做完……”“倩倩的语文练习册没订正……”“倩倩说她的日记本又忘在家里了。”哎！一个不喜欢做作业的学生！

看她那忽闪忽闪的大眼睛，怎么也不像是一个同学们口中所说的笨学生。经过几天的观察，老师发现她总爱在上课时偷偷地摸摸橡皮筋，玩玩铅笔，有时候听到几声鸟叫，她的小脸会迅速朝向窗外，甚至出神地看上一阵子。她的作业做得慢还有一个重要的原因，就是好多汉字她根本不会写，面对这么多生字，她琢磨半天，迟迟不敢动笔，写着写着就发现写错了。两次三番，她对作业便没了兴趣。下课铃声还没响呢，她的右脚已经迈了出去，准备着第一个往外冲，去跳心爱的橡皮筋。而她的橡皮筋跳得那么棒，几乎是全班的榜样。这样一个小女孩，老师就不相信她会不喜欢作业。

老师怎么就偏偏不懂小女孩的心思呢？还没等她的左脚跟上去，老师就

已经微笑示意她留下来。小女孩无可奈何地望了老师一眼，乖乖地坐下了。老师仔细纠正了她握笔的姿势，一笔一画地教她把字写好，告诉她记住生字的窍门，指导她用字典解决不认识的字。她说作业本忘带了，老师会送给她一本新的，请她在学校里把作业做好，还微笑着静静地陪在一边，帮助她纠正写错的字。

马虎不成，作业的错误不改不成，连撒个谎应付过去也难逃老师含笑的眼睛。小女孩每每在补做作业的时候，两眼还是无法控制地望着教室外面的同学，他们在开心地玩耍，她好羡慕。可老师一点儿也不动心，微笑地看着小女孩一笔一画地写字。

小女孩的心眼里装了好多偷懒的办法，可这时却都使不出了！她的烦躁，她的“诡计”都被一点点地消融在老师的微笑里。

老师微笑着收起了她心爱的玩具，而且无论小女孩怎么使性子，老师都不生气，耐心地微笑着让她把作业完成。她那颗因贪玩而常常游移的心终于在老师的微笑里当了“俘虏”。

她只好抓紧时间努力完成功课。这一次，在老师例行的询问目光下，倩倩终于高高地举起了作业本，自豪地说：“老师，我完成了！”

满屋子的笑意，荡出了小女孩银铃般的笑声！

“叫你妈妈拿伤湿膏来”

◇肖　雨

2000年的春天，一封家长联名信直直撞击了学校最高领导层。信上尽录了一名班主任对学生使用的刻薄语言，“证据”成为学校的耻辱。结果，二年(5)班的班主任被迫中途易人，而接替班主任工作的人是我。

因为这联名信，最初我对这个班的学生心存戒备，不太喜欢他们。虽然我对他们的态度也很温和，但那几乎是习惯性的、职业性的。我把和他们的交往控制在校园范围内。打开家门一旦发现门外的来客是他们时，我尽可能找出一些貌似合情合理的缘由，以便达到打发他们立马乖乖走人的目的，尤其是对一个叫林明的小男生，“联名事件”的始作俑者是他母亲。“她就像一个女曹操”，我的前任如是评价他的母亲。尽管我不以为然，但与生俱来爱屋及乌的反向情绪让我对这位医生的儿子保持在适当的距离，同时投鼠忌器的焦虑也促使我把厌恶感集中在他身上。

林明生性顽皮，活泼好动，回答问题的欲望非常强烈。先举手后发言作为课堂常规训练之一，学校要求每个学生务必做到。而似乎天生与沉默有仇的林明在老师的问题刚落地的一刹那，他的答案便如同条件反射似的紧跟其后，偶尔记得举手也是手臂冲天嘴巴稀里哗啦地叫着，答案与问题有时甚至风马牛不相及，哄堂大笑的场面时有发生。“让小嘴巴休息休息，先动动脑，再举手发言，好吗？”我耐着性子对他说，并在课后依然训练他，但费了很大的力气，也不能彻底改变他的这种行为习惯。

那是一节音乐欣赏课，林明故态复萌又喊又叫，气极的科任教师把他拉到我的面前，恨恨地数落一番：“就因为你，害人害已还害惨了班级，今天的纪律分又被扣去，这周的文明班级又没你们班的份了。”科任教师的那番数落，勾起我旧恨新仇齐上心头，一直小心储蓄着的反感情绪这时如堤岸溃决，职业耐性和理性被冲垮了，我气恼地丢给林明这样一句话：“叫你妈妈拿伤湿膏来。”说完也就发泄完了。下班后，我把这件事丢在了脑后。

晚上，窗外雨丝斜斜，我倚在床头闲翻杂志。听见有人敲门，我开门一看，站在门外的人竟然是林明，他满头的小水珠，却递给我一个十分干爽的小方盒：“老师，给你伤湿膏。”

林明不留给我插话的间隙，急急地接着往下说：“我奶奶也患有风湿病，下雨时要是不贴伤湿膏，比老爸罚我装哑巴不让说话还难受。我到家找到伤湿膏后就立即给你送来。啊！饿死我了，赶紧回家吃饭去啰！”

话没说完人已匆匆地跑下楼。数秒钟之后，又见他咚咚地往回跑。“你还有事吗？”我问他。

“我忘记和老师说再见了。肖老师再见！”他边说边朝我招招手，神态是那么的天真欢愉，声音是那么的清澈活泼。而我突然感受到“叫你妈妈拿伤湿膏来”那一份心尖被麦芒扎刺的尖锐痛感，就像一个乱发脾气的女孩，转身看到一地狰狞的玻璃碎片。倘若老天要惩罚我，若干年后，让一个男孩悟解到“叫你妈妈拿伤湿膏来”的残酷含义，那么，我又该如何面对这雨天挚挚的信任和纯纯的爱意呢！

童心是小鸟，那么教师的心呢？可否“轻轻地放下爱憎，远尘离垢，亲像婴儿”？

为什么敢轻易对学生使用伤害性语言，以为他们还小，不懂得揣摩老师话中话的恶意？可是就因为这颗童心的纯净与信任，做教师的就能若无其事吗？

庆幸的是，我有机会也找到这么一个机会。我特意将伤湿膏贴在裸露的手臂上，无痕无迹地表示伤湿膏带来的轻松感，顺势表达了我的谢意，其实是惭愧难当的歉意。

童心胜雪，胜雪童心，捧着纯净的童心，我记得告诫身为教师的自己：掌心不留污迹，语言不含歹意。

重拾耐心

◇ 张秀莹

今天我哭了，为学生的不听话。

一直以为自己是个很有办法、很得人心的老师，常常在轻松间就可以将很多矛盾化解。学生的爱戴、家长的称赞一直成为自己内心的骄傲。从来不苛求得到什么，更不会因为同事的侧目而有什么不堪，因为我是那样的为自己自豪，其他的都不重要。

朋友说：你会把她们宠坏的。

爱人说：没见过你这样的老师。

学生说：考到哪都希望把你带着。

儿子说：我宁可当你的学生。

我说：谁让我是他们的又一个“妈妈”？

可是，我今天发现自己的语言是那么苍白，教育是那么无力！走入孩子的心灵，蹲下来与他们对话，去倾听他们在想什么……我都做了，都做到了，可是，可是，我仍不能塑造所有的灵魂。

于是，我来到教育在线，浏览了很多很多的帖子，想从中寻求力量，寻找灵感，我很想弄明白，作为老师，我到底应该怎么做？怎样可以打动学生的心？怎样可以让他们认识到自己？我突然很迷茫，十年的教学生涯不能让我有力量，有信心，我觉得自己很渺小。

老师的无奈，该有吗？不该。

可我有。真的有。

我发现现实和理想真的还是有距离的。我一直在努力缩短，一直在苦苦追寻，追寻了那么久，那么久……

昨天无奈之后，我来到久违的乒乓球室，想发泄一下自己的郁闷。在与同事的过招中，我的脑海里老是浮现中午与孩子的对话，所以精力不能集中，完全凭下意识的习惯动作，没想到竟发挥得很好。同事问："你这是什么招数?"我脱口而出："这叫无招胜有招，以静制动，以不变应万变!"说完之后，在同事的笑声中，我突然悟到了什么，我的心顿时开朗起来。

是呀，"不变应万变!"我们的教育不也如此吗？纵然学生有这样的错那样的错，可我们始终要诚挚面对。我们还得一如既往，不是吗？当家长痛苦地问我："打了，骂了，也鼓励了，就是不改，我们是真没辙了！我们还能怎么办，遇到这样的孩子?"

难道我们真能放弃？难道我们看着还没成熟的孩子在错误中自生自灭？当然不，怎么办？只有教育！没成效又当如何？还是教育！

突然间我感到了"教育"两个字里蕴含的重量，我们无可推卸！

也许耐心是对我们最大的考验，在这份较量中，谁坚持到最后，谁就会收获，只是不同的是，如果我们赢了，收获的是笑容，而如果学生的恶习占了上风，那最终收获的却是痛苦的泪。我们又怎能忍心？

所以，我还是对两位家长说："无论孩子犯了怎样不可饶恕的错，我们都得重拾耐心，去面对，现在他们最需要的不是棍棒，而是内心的感动!"

"一个人要改变，不是因为别人让他变，而是他自己真正想改变!"

但，我们必须给他们力量！让他们看到希望！

今天，当我来到他们中间的时候，我依然微笑着向他们问好。课上，我看到了他们高举的双手，课下，我看到他将地上的纸片悄悄地捡起……

也许，改变是在不知不觉中的。

小米的忧伤

◇ 常丽华

有谁能了解一个孩子的忧伤呢？已经是晚上十点了。十一岁的小米想到这个问题时，长长地叹了口气。

自从上了五年级，小米每天晚上都要写作业到十点、十一点。昨天，年轻的语文老师把试卷狠狠地摔在讲桌上，严厉地说："你们知道五年级意味着什么吗？毕业班呀！上级随时会来考你们，你们的成绩就代表了我们学校的教学质量。看看你们昨天考了些什么？我可承担不起给学校抹黑的罪名……"

大家都低着头，不敢看语文老师因愤怒而有些变形的脸。其实，语文老师挺漂亮的，小米想，她为什么老发火呢？考不好怎么就给学校抹黑了呢？五年级能意味着什么呢？报纸上都说取消小学毕业统考，我们怎么就考来考去考不完呢？小米不明白。

"天天给你们看试卷，晚上总是熬夜，我为的是什么呀？还不是为你们好……"语文老师的声音又提高了八度。

小米很难过，好像自己很对不起老师似的。小米的作文写得好，语文考试成绩却又一般，她常常被那些语文基础知识搞糊涂了。

可是，老师为什么要这么这么辛苦呢？小米又开始走神了。为我们好？"好"在哪里？考一个好成绩，校长就会在全校师生大会上给老师戴红花、发红包，老师会很开心。那还不是为老师自己好吗？

小米有些糊涂了。事实是，现在谁也不开心。老师不开心，无休止的考试，无休止地发火；很多同学不开心，泡在分数堆里，每天都提心吊胆。这样不开心的日子，有什么意思呢？但有一点是不能改变的：因为考不好，晚上的作业便是把试卷重抄一遍。

小米对这种毫无意义的抄写已经麻木了。最让小米胆战心惊的是试卷必须要让家长签字。当小米把 72 分的试卷拿给妈妈看时，妈妈只是叹了口气，什么也没说就签上了自己的名字。总是这样一个分数，妈妈已经对她失望了，失望到什么也不说的地步，小米真想流泪。没上学前，谁都说小米是个聪明的孩子，《木兰诗》、《长歌行》这样的诗妈妈教她几遍她就能背下来。怎么一上学就变笨了呢？学校，小米在上学之前，曾经是多么向往啊！学校的课程听上去是那么有趣，语文、音乐、美术、英语、自然……在这些科目的背后，应该蕴藏了多少美丽的故事。那时候，小米是多么的渴求新知识，她多么想自己就能读懂那些动人的童话，她想知道太阳为什么会有七种颜色，生活中的数学在哪里……她多么想弄明白，那些歪歪斜斜的英文字，到底在向她说些什么秘密……

可惜老师们，从来没有对她说过那些她渴慕的故事。

语文就是写字、解释词语、总结段意；数学就是做题，那些鸡兔同笼、排水放水的应用题她怎么都搞不清楚；音乐就是坐得端端正正地唱什么小二郎的歌；美术就是老师在黑板上画好一幅画后，大家再把它画得一模一样；自然该是最好玩的科目，可大家只能呆在教室里听老师讲奇妙的大自然，老师是不肯带他们出去的，然后就是考试。音乐要考唱歌，老师就逼他们把所有的歌都唱下来；自然要有试卷，老师就逼他们背书；小米最害怕的是体育，体育要考什么立定跳远、60米跑等等，每一次，小米都以不及格告终。所有的科目最后都化作两个字：分数。

因此，小米上课常常走神：校园里的紫藤花开了，草地里的蟋蟀唱着好听的歌，《艾丽斯梦游奇境》里那只奇怪的兔子不知又到哪里去了……也因此，小米的成绩一年不如一年，脑子也就一年比一年笨，妈妈便只有叹气。

小米是敏感的。她怕妈妈的叹气，怕老师对她的无所谓。她多么希望妈妈能对她说：孩子，分数并不重要，我相信你是喜欢学习的。她又多么希望老师能在她走神的时候，不是大声的呵斥，而是轻轻拍拍她的肩膀。可谁能了解一个孩子的思想呢？

晚上睡觉时，小米想：明天，会怎样呢？

守住心中的那一丝梦想

◇ 张向阳

江苏有个苏北，苏北有个盐城。盐城市中心有个铜马广场：一位身着戎装的新四军战士正策马东进。每当看到这巨型的雕塑，我都为自己的家乡感到自豪。皖南事变后，新四军在盐城重建军部，陈毅、粟裕、黄克诚一颗颗将星照亮了盐城革命的星空，七战七捷的辉煌已写入我们盐城乡土教育的教材。

就像大多数革命老区一样，盐城的经济近年来虽说有了很大的发展，但城乡教育的差距是越来越大。看着城里的小学一家家投资数十万、上百万建起了塑胶跑道，而我们这个有着近千名学生的乡镇中心小学，连微机房都没有，仅有的两台电脑还只是用来打印材料的，我心中真是急啊。

是啊，费改税了，义务教育的投入遇到了很大的问题，能保住教师工资的国家标准部分正常发放已很不容易了，学校的杂费大多被调走了，很多的农村小学连正常运转都十分困难，不少学校已靠校长向老师借资来度日了。

于是，我们本应享受的住房公积金被取消了，只参加过一年的社会医疗保险被取消了，当由单位交纳的养老金至今还是空白。农村教师似乎成为社会保障体系中被遗忘的角落。到如今，在农村小学工作三十多年的老同志，每月只拿几百元的工资养家糊口，还得让上天保佑没病没灾。

也许，这只是改革的阵痛，是发展中的问题，会在发展中逐步得到解决吧。

我的心中还有更多的梦，最为真切的就是“让农村里的孩子也能享受到优质的教育”。这个梦，从我做教师的第一天起，就深深地植入心中。为了这个梦，我努力地从每一天做起。

在课堂上，多给孩子一点笑脸，让每一个孩子从我的笑与期待中，感觉到一种前行的希望与力量，这是我能做到的。哪怕是向孩子送去一个赞许的眼神，伸出手去摸摸孩子的小脑袋，真诚地说上几句赞美的话语，这都是我一个小学教师的责任。因为，我有必要让儿童生活在幸福而有为的学习生活中。

在学习上，让孩子多独立思考一点，让每一个孩子在独立思考与合作交流的过程中，也能真切地体验“合作与独立探究”是新世纪公民的基本素质。以思维训练为课堂教学的主线，让学生在开放的教学情境中，眼界得以开阔，心胸得以宽广，思维得以敏捷，德行得以成长。

在交往中，真正地将孩子当人看，当孩子看，当自己的孩子看。尊重学生的人格与选择，走进儿童的心理世界，将每一个学生都当成自己的孩子，蹲下身子来想一想孩子需要我为他们提供什么。让孩子在我的尊重中，体验生命的价值与尊严，感受学习的成功与快乐。

作为一名农村小学教师，我很难有外出学习与接受专家当面指导的机会。为了能更好地学习外地的先进教改经验，我便成了网上的流浪者，灯下的苦行僧，新课程实践的行者，朱永新新教育理想的追梦人。

在我们这个小镇还没有网吧之前，我便在周末来到城里，攀到网上，打开一家家名校网页，看他们的课题研究资料与教改专题文章，受益很多。今年为了上“教育在线”网站，我借资五千元买了台电脑，这样上网学习可以更方便点。

为改变自己在教育理论上的营养不良，从1997年秋天开始，我已很少有时间再看电视剧了，每晚手捧教育期刊细读慢品，从城里借来教学录像片细细品味。就这样在平淡中，五年一眨眼就过去了，自己的教学能力已上了新的台阶。

1999年末，《国家数学课程标准研制工作研讨会纪要》出台，我如获至宝，在自己的班级同步进行新课程的实验，先后从北京邮购了《国家数学课程标准》讨论稿、实验稿，与新课程一路走来，与孩子们共同享受着新课程实验的快乐。

当朱永新老师的理想教育系列文章出版后，我终于明白，朱永新的理想教育思想，当是我终身的追求，于是就成了新教育实验的追梦人。在“教育在线”，我每天写下一篇千字短文，记下自己对教育的心考，让自己在教育日记的写作中，经历道德长跑的过程。三个月下来，在省级以上报刊发表文章近二十篇。在日记写作的背后，我与我的孩子们走得更近了。因为，我必须通过我的教学，为孩子的健康成长服务。

日子虽过得很清苦，但心中仍充满了诗意般的幸福。这幸福来自对朱永新老师的期待，来自“教育在线”网友热情的关怀，来自班级孩子们成功的喜悦。

我守望在苏北的麦田里，没有寂寞与惆怅，在我的心中，已充盈着新教育的理想。这样充满诗意的日子，是简单的，更是快乐的。

守住心中那份爱

◇ 张培新

今天早上刚出完早操，路过校园内六项评比橱窗时不经意地看了一眼我们班级的各项评比成绩：赫然在目的是全年级五个班就我们班级的卫生成绩被扣了分，这是怎么回事呢？劳动委员简直不像话！带着一肚子的疑问和不满回到教室里，我就开始问班级的值日学生和劳动委员。“请问，昨天的值日组长你们是怎么做值日的?”一开始我的语气还能强作镇静。值日组长宋浩说：“我们昨天做得很认真的，我也是等值日同学都走才离开的。”“那为什么我们班级被扣分了？劳动委员你说!”我有点火了。

劳动委员吕飞委屈地辩解着：“我也看着值日同学好一会儿才回家的。”

“你们都很负责任，我们班的卫生成绩是全年级最差，简直胡扯！肯定有问题!”我这时真有点恼了，大声呵斥道，“大家都说说，谁能证明昨天的值日很认真?”

小不点李军小声地说：“老师，早上那个查分的老师在窗口对我们班的学生说走廊的水池里有一张废纸没有捡掉，就扣了我们班级的分数了。”

“我跟你说过多少次了，早上来到教室以后，一定记得要让值日学生去把教室四周打扫一遍，你怎么就记不住呢！你让我怎么说你好，太令我失望了!”我狠狠地批评道。

“那，那，那我马上辞职，我早就想不干了……”劳动委员抽泣着。

“你辞职，我马上同意。从现在开始劳动委员停止工作，人选等会儿再定，解散!”我甩下这句话，头也不回就走了……

我坐在办公室里边生着气，边批改着学生交上来的家庭作业，心中仍有些烦。突然一本书写清楚、格式正确、解题多样的作业本跃然眼前，怎么写得这么好，不像是班长吴燕的，是谁的？翻到封面一看，噢，原来是李军的。这小家伙近段时间作业一直很出色，已经表扬好几回了，真不错！心情也不由得舒畅了一些。李军，好样的，嘴里念叨着，突然一个想法闪现出来：对，让李军担任班级劳动委员，他又老实，又肯干，况且从上学到今据说还未担任过班干部呢，现在让他干，他一定会非常兴奋和乐意的，我们班级卫生成绩有希望了！我不由得拍了一下办公桌，同事们都投来异样的目光，我赶紧自嘲一番，就走出办公室来到教室。

“同学们，请安静了，我有一个决定要宣布！从现在起我们班的劳动委员由李军担任，为期一个月，大家欢迎！”接着是一阵热烈而惊奇的掌声。就这样我们班级劳动委员诞生了，总觉得像是在演戏一样。

中午在食堂吃饭的时候，看到身边坐着的学生个个开心地吃着饭，又想起早上的事，有点懊悔。每一个学生在学校都想得到老师的鼓励和信任，现在李军一定是非常高兴而且干劲十足，不知吕飞现在又怎样了？想到这，心中有点惴惴不安，饭也吃不好了，索性不吃去找吕飞谈谈。

来到教室，正巧吕飞也到了，就把他叫了出来，在走廊拐角和他谈起来。

“吕飞，今天张老师把你的职务给停了，我也觉得有点过火。不知你心里怎么想，能跟我谈谈吗？”我想得到他的谅解。

“我，我没什么说的，是我的责任。”吕飞眼眶有点湿润了。

“不，老师知道你一定有话想说，你一定有委屈，说吧！”我看着他的眼睛。

“我真的不想说什么。”吕飞扭过头，擦了一下眼睛。

这时，我才真觉得我的处理有问题了，搂着他的肩说：“老师为今天的处理不当向你道歉，希望你能理解老师的一片苦心！”

可能被我的真诚所感动，也许是别的什么原因，吕飞憋足了气对我说：“老师，那我就直话直说了。我很早就想提出辞职，又怕您说我，所以才支撑到今天。因为每一次我们班级被扣了分，你都把怨气出在我身上，批评我，让我进行反思，您就没有对自己的工作进行反思过？老师，我这都是心里话。再这样搞下去，李军他们也干不长！”

“谢谢，谢谢你的直话直说，我们班级需要这样的对话，吕飞，你是好样的，老师喜欢你这样的学生，真的！”

我心中的天平失去了平衡，为我的学生和他们受的教育……

第二天早上的晨会课，我便把我的心里话向我的学生表白：“同学们，昨天我在和吕飞的交谈中，深深认识到老师一直以为和大家走得很近，大家对老师也是无话不谈。其实我做的还很不够，对大家的了解还很不深，对大家

的理解和关心更少了，请大家谅解！我想从今天，不，从现在起，进行我们班级的《实话实说》专题讨论，把你对张老师、同学的看法，对张老师上的课以及张老师的一些做法提出或发表一些建议，更欢迎提出批评意见，希望大家不要保留，不要担心，不要有后顾之忧，直话直说，实话实说！”一阵自发而热烈的掌声震撼着我的胸膛。

老师，你为什么不叫我

◇ 薄伟英

课间活动时，我正在教室里批改课堂上小朋友们抄的词语，倩倩跑到我的面前，一本正经地对我说：“老师，这几天上课的时候，你为什么总不叫我回答问题？”我听了，心里一怔，支吾着说：“可能是因为你没有举手吧？”“不，我举手了！可是你还是没有叫我。”倩倩坚持着说。我感到十分窘迫，但还是想方设法为自己找了个借口，低声说：“那可能是老师没有看到。”倩倩听了，大声地说道：“那我以后把手举得高一些。”“好，我以后一定叫你。”“真的？”倩倩兴奋地问我。我用力地点了点头，她高兴得又蹦又跳，到操场上和小朋友去活动了。

我独自怔怔地坐在椅子上。我刚才说实话了吗？我责问自己。倩倩虽然长得普普通通，可是她特别爱表现自己，每当老师要求大家分角色表演课文时，表情最丰富的，就数她了；周二班会课上的新闻发布，她总是准备了很多剪报……可是，语文课上她好几次起来回答问题时答非所问，结结巴巴的，想说可又表达不清楚，小脸蛋急得通红，还是憋不出半句话来。以后的课堂上，只要她站起来，坐在她周围的同学常常窃窃发笑。我想：与其这样引起同学“骚乱”，还不如不叫她。后来的课堂，她举手我也视而不见。

在我们的周围总是有这样一群学生，他们思维敏捷，反应快，接受能力、理解能力强。无论是整班交流，还是小组讨论，他们总是“出尽了风头”，因此，他们也深得老师的“宠幸”。但是，也不乏一两个像倩倩这样的学生，在集体中处于一种“特殊地位”。也许是学前教育的差异，也许是个体认知发展的差异，他们往往不善于用语言表达自己的想法。作为一名老师，我非但不去保护孩子的纯真、自信，反而以冷漠相对。我有责任去耐心地鼓励他们、帮助他们啊！想到这里，我知道我错了。

下午第一节课仍是我的语文课，“谁能给‘清’找一些朋友?”话音刚落，倩倩就把小手高高地举了起来。我微笑着示意倩倩来回答。“清，青草。”旁边那两个男生又想笑，我连忙说：“倩倩还没说完呢，是青草的青加上三点水，就是清水的清。”倩倩感激地看着我。“薄老师，我真喜欢上您的语文课。”一下课，倩倩又带着一脸的笑容来到了我的身边……

学生好比种子，需要教师提供土壤、水分、肥料、空气和阳光。对班级中处于“弱势”的孩子来说，他们所需要的，是比一般的孩子更多的“营养”，更多的呵护。只有这样，才能使学生的实际发展状况比预见的更好。“最好”和“最差”只是相对的标志，暂时的现象，而不断地争取“更好”，才是教育永恒的追求。

你的心情，我愿意听

◇ 潘莉娟

周一的早晨，一本本日记如约而至，整齐地叠放在教室的讲台上。看着孩子们沉浸在古诗词的朗读中，我打开日记，又开始了我的“心情之旅”。

孩子的心是透明的，日记里的一个词、一个句子，无不显示出他们纯净的心灵。小洋在日记里写道：今天又是星期天了，妈妈早就上班了，爸爸出差不知要到什么时候回来，家里只有我一个人。我一会儿看电视，一会儿吃东西。还是在学校里好，大家在一起玩。读着短短的几句话，我仿佛看到小洋在家孤独地走来走去，低头叹息的情景。父母们都忙着上班赚钱，孩子们的假期也没了色彩。我不禁陷入沉思。

下午的班队课上，我读了小洋的这篇文章，让学生围绕“假期怎么过?”进行讨论。用“看电视”来过假期的可真不少，怪不得孩子们的视力是每况愈下了。去父母单位的也有很多，但时间都是在花钱的过程中流逝的。如何过一个有意义的假期？我让他们各抒己见。一个个计划出来了：有借一本喜欢的书来看的，有整理自己的房间，打扫卫生的，有结伴去图书馆的，还有和老师一起过的……

孩子的情是真挚的，透过笔端流淌的是他们内心真实的写照。看了方凯的日记，我的心沉重起来。他在文章里写道：今天，妹妹要跟我们去钓龙虾，我们都不要她去，可她一定要去。后来，她摔了一跤，身上全是泥了。到了家，爸爸就骂我，打我，他总是这样的，我很痛苦，想一死了之。天哪，一个九岁的孩子，竟然说要“一死了之”，我该怎么来面对这个敏感而又倔强的孩子啊？我向他招了招手，他马上过来了。我们来到教室外的草坪上，我轻声问他：“现在还痛苦吗？”那一滴滴不断下落的泪珠告诉我，他还在伤心。“想听听老师的意见吗？”我问他。看他点头，我才告诉他：“用死来面对痛苦的人，是最无能的，把自己的想法说出来，把你的不满向爸爸倾诉，这才是个男子汉呀！”看他抬头，我又接着说：“一个人成长的路上，都会遇到痛苦，如果要用死来对待，那老师早就不在这世界上了。”他终于笑了。那笑容，多像雷雨过后的彩虹啊。

孩子的爱是细腻的，一个眼神，一个微笑都藏着他们丰富的情感。斌斌的日记让我重新审视了自己，也看到了学生心目中的自己。他说：今天，我在做作业的时候偷偷看着老师。老师紧闭着嘴巴，眉头皱着，眼睛盯着作业本，可能我的作业又做错了，老师要生气了。多么细心的孩子啊！可是，这是我吗？我又想起那次去科技馆看演出时，斌斌坐在我身边，问了我好几次：“老师，你快乐吗？”当时，我还有点摸不着头脑，只回答他：“很快乐呀。”终于明白，习惯了理性地分析问题，习惯了严肃的表情，习惯了把快乐和忧伤都藏在心里，怎能让孩子们和我同乐呢？我告诉自己，在脸上点一盏灯吧，照亮别人，也美丽自己。

一趟趟的“心情之旅”让我走近了学生，也有了更多的反思。我想，不论是父母和孩子之间，还是学生和老师之间，没有什么比心灵沟通更重要了。所以，我告诉学生，你的心情，老师愿意听。

爱能唤起无限美好

◇ 于占香

真诚的爱的付出，能唤起无限的美好。

1999 年开学，我接手了一个新班级的语文课。这是怎样的一个班级呀：孩子们的语文成绩惨不忍睹，课堂纪律也是糟到一塌糊涂。为了提高同学们的成绩，第一个学期我几乎没有了休息时间，利用一切可以利用的时间为同学们补课。可令人痛心的是，大家的学习没有一点起色。这个问题记住了，下个问题又忘记了；这个问题在这里记住了，在另一个地方又忘记了。我讲得口干舌燥，他们听得昏昏欲睡。

我终于体会到了“恨铁不成钢”的滋味。

可是，恨有什么用呢？你越恨，他越不学；他越不学，你越恨。最终还是害了学生。经过无数次痛苦的思索，我终于体会到，我的恨，换来的，必将是学生们的恨，而学生们一旦恨了你，便会同时恨你所传授的知识。这些所谓的“差生”之所以自暴自弃，不就是因为他们得不到足够的爱吗？

所以，在接下来一个学期的教育教学中，我特别注意了情感的投入。对犯了错误的同学，我用和风细雨的劝说代替暴风骤雨的训斥；对他们课堂上的发言，我千方百计地找出其中正确的地方、有思想的地方，不失时机地予以表扬；对他们的不同意见，我耐心地听取。有一次，一个小家伙背地里埋怨我布置的作业太多，我不但没有批评他，还表扬了他的大胆，并趁机提出：以后有意见，欢迎大家用各种方式向我提出。

人非草木，孰能无情。我对同学们感情的付出得到了他们真诚的回报。以前，在我的“高压”政策下，他们觉得犯错误是“勇敢”的表现，而现在，在我的温言劝说下，他们开始懊悔他们的每一次错误，尽量不犯错误；以前，是我在硬逼他们学，现在，他们开始觉得学习是他们的职责，他们渐渐喜欢学；以前，这些孩子只懂得“怎么做能让我痛快”，现在，他们在做事情之前，总会想一想“这件事会不会让别人受到伤害”。以前那些调皮捣蛋的孩子不见了，有一个孩子在作文里写道：“我像是一座小小的、沾染了污泥的房子。曾经，我虔诚地企盼，能有爱的清泉将我冲洗干净，可是，一次又一次，我得到的只有鄙弃。慢慢地，我忘记了我曾经是一座美丽而洁净的房子。然而有一天，你来了，你给予了我真诚而温暖的爱，你那么慷慨那么伟大，你让我重新想起，我要把自己冲洗干净，重新做个干净美丽的自己。”在一天天爱与被爱的快乐中，这些孩子慢慢长大了。爱，真的唤起了无限的美好。

我的爱的教育终于成功了。这些孩子变得团结好学。语文课上再也不用

操心纪律问题了，因为他们都在认认真真地学习，他们一双双沉醉的眼睛中，充满了对知识的渴望。通过努力，这个班级终于在期末考试中考出了好成绩，看着同学们拿到成绩单后流下的激动的泪水，我的心在歌唱。

我只浇了一滴水

◇ 潘国本

九二届学生聚会，邀我参加，会场安排在县中礼堂，长桌，师生随便坐。我刚落座，就有一双手伸了过来——调皮鬼陈大顺，他又叫“老巴子”，父亲四十五岁才生他。

他上课，有种故意问和随意答的习惯，想不让他举手都不可能，再沉闷的课堂他都有办法把它搞颠，曾让我大皱眉头。那时，方圆一二十里的孩子都来我们这里上高中。农家孩子90%有匡衡、车胤那种读书劲头，路灯下背英语单词，打桶水把脚伸进水里防蚊子叮。大顺不吃那苦，只凭鬼神气，鬼神气能攻克高考壁垒吗？他两次被拒门外。

我问：“现在在哪里？”他答：“南京脑科医院。”“忙不忙？”“忙，我这人随便，什么人都来找我，特别是家乡人，什么病都来。村上人病不重到那份上不来南京，来了又总想找位专家看看，我不是全能，还得去找其他医生，就难得闲了。有时我下夜班早晨回家，门前就坐着人等了。怎么办，接了再上班外班。”

他不怕麻烦，也不肯收礼，这样，邻里带村里，本村又带外村，每年都要接待一二百号父老乡亲。

“嘿，以前我不是好学生，给老师添麻烦了。”

“添啥麻烦？不过，早些懂事，早一二年进大学那倒是真的。”

他有些不自在，改口说：“我真感激老师，还有师母。我永远不会忘记那个下雪天，你说的那番话。”

我记起来了，那是他父亲送咸菜来，一跌一滑的，喘着粗气。我看着边上的大顺情不自禁地说：“看看你老父亲，六十多岁了，佝偻着身躯，冰天雪地走四十多里，就赶来送这罐咸菜！”也许这话正好点中他的穴位，那一年，他考上了南京医学院。

但是，就这个也感激？至于师母，她最多也只是叫叫他的小名，叫他有什么不方便只管到我家来，也感激？

三梅也来参加聚会了。她做学生时，跟老师讲话眼睛只看地上，是个未讲话先脸红的腼腆女孩。现在在一家外资企业供职，夫优子秀，事业有成。她问我身体怎样，老毛病还犯不犯，又说起我与她父亲的那次交谈。她说，那一天老父亲一夜没睡，就是那一夜，改变了她的命运。

有这么大的威力吗？我疑惑。那时候的中小学一共只读九年，她家弟妹多，负担重，她有了工作就不来上课，即使捞上一角钱一斤的鸡头菜（一种水生植物）去卖也不来上课。说九年，其实真正到校恐怕不足七年。临毕业那年，她未能编上重点班，但期中考试却得到了年级第八名。那总分全赖于偏重记忆的语、政、外，需要整体知识的数、理、化就难说了，碰上知识窟窿，一刀死。那年高考她未能跨过这样的窟窿，落了榜。农村女孩能读上高中就很幸运了，还谈复读补习？父亲给她找了一份小工。我觉得她很有潜力，不再考一次很可惜，几次寄信带话，均无音讯。新学期开学了，一个偶然机会，我在供销社大院的角落发现了提灰桶（装砌砖用的泥浆）的三梅，她显然也发现了我，低了头身子扭向一边。边上搬砖的半老头子是她父亲，我走过去告诉他说，孩子很聪明，也很要强。老人嘴唇颤抖，没说话。“不补习就埋没了，像她，学费还可以减免一些。”我说。老人又张了一下嘴，还是没说出什么，显然他有难处。就是那第二天，三梅躲躲闪闪地来了。我叫了她，在校园里找来了一张沾着泥通了洞的桌子，让她重新坐进了教室。就是那张沾泥通洞的桌子，掮着一个农村女孩最后跨进了大学门槛。

我浇了一滴水，谁知却涌出了一口泉。这让我忍不住还想说一说梁出松，他热情、诚恳，毕业分在了中医院。每次我去看病，都像是他在请我看病，又代挂号，又代拿药。去年有段时间我肩周炎犯得厉害，他骑了摩托上门来为我针灸。他在校时我并没对他有什么特别关照，可他说：“你是我最深情、最敬重的老师，那时候你一立到我身边，我周身就发热。”

我还是想不起什么，只记得他是从五十里开外的山沟沟里来的，剪一种乡村理发师傅的两边头发直削头顶的“平顶头”，背一条家织布里子的被子。

很难听到他说什么，只用眼睛和脑袋恶补功课，上课不举手，但专心得出奇。对这个朴实的孩子，我多么希望他能冲出山沟见识见识外边的世界啊！所以，做练习的时候有几次我情不自禁地走到他身边看着他做，见他做偏了，点上一句半句。最多也只是说别害臊，有问题只管来问。难道就因为几次立到他身后，也能得到“最深情最敬重”的回报？

我一直认为学生对我尊敬是得益于我教书的出色，其实不，真正铭心的，还是我对他们一星半点的搀扶。

给予是快乐的

◇ 朱嘉萍

终于，孩子们盼望已久的新校服发了下来，看着他们爱不释手的样子，我也和他们一样激动。因为这校服是独具实小特色的：和学校主体建筑一样的色调，活泼而又鲜明；和学校标志一样的图案，清新而又充满活力。

我兴冲冲到走回办公室。楼梯口，大队辅导员颜老师喊住了我：“小朱，有件事情想请你帮个忙。明天小陆班将参加市中队观摩活动……”没有等颜老师说完，我就明白了一二，同时我也犹豫了：这校服今天才发，我们班孩子自己都没有穿，他们明天肯借吗？我真想拒绝，可是领导的目光充满期待，我等她说完，想了想，说：“这，我得跟孩子们商量，等下再给你回音吧。”

颜老师走远了，我刚才的高兴劲也荡然无存。我在寻思：我该怎样做，才能既让领导满意，又让学生乐意？

很快，夕会课的时间到了。我一走进教室，就说：“如果，明天让你把这新校服借给六年级同学，你愿意吗？愿意的请站起来。”我特意把“新校服”三个字强调了一下。犹犹豫豫中，十几个孩子站了起来。“这校服你都没有穿过，怎么肯呢？”“我想他们问我们借校服一定是有重要的事情。你想呢，不到万不得已，人家怎么会轻易开口呢？”“我觉得这是别人对我们的信任。你看，五年级有六个班呢！”……我被这质朴的语言激动着，觉得刚才没有拒绝领导是正确的。我没有马上表态，只是示意孩子们坐好。过了好一会儿，我

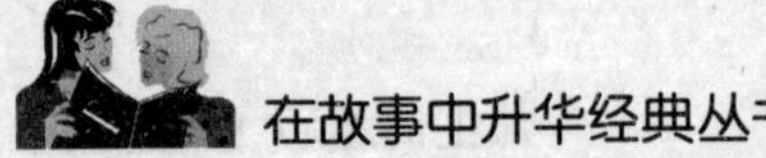

才激动地说："我真的非常高兴，我没有想到我们班的同学这么慷慨，这么懂事。说句实在话，这个时候，让我把自己刚买的新衣服借给人家，我都要考虑考虑呢。"一边说，我一边注意观察刚才没有站起来的那些同学的表情：他们听得非常认真，对我说出的某些想法还不住地点着头。我想我该转话题了。

"同学们，你们知道六（3）班问我们借校服干什么呀？""知道，他们明天下午要参加市队活动比赛。"消息灵通人士兴奋地说。"你们知道吗，六（3）班的活动能通过层层比赛，有你们的功劳呢。"孩子们你看看我，我看看你。"是的呀，他们的活动中，有我们班搞活动时的一些金点子呢。""老师，我们搞活动时，他们没有来观摩，怎么可能呢？""那是朱老师代表我们班同学给他们参考的呀。所以，他们班的同学特别感激你们，他们说'有事情，找五（6）班'。所以这次，他们又想到了我们。""那老师，这次我们借他们新校服是不是能助他们一臂之力？"孩子的话语非常淳朴。"是呀。可是，这校服你们自己都没有穿，所以当他们今天找到我的时候，我没有敢马上答应。""老师，我已经想通了，肯借了。你不是说他们明天下午才比赛吗？我们同学要是还觉得舍不得的话，我们可以明天上午穿到学校来，过一过'新衣服瘾'，然后中午再换给他们。""是呀，中午借的话，反正借给他们的已经算是旧的了。"孩子们七嘴八舌，一些想法得到了刚才舍不得借校服的同学的响应，我也觉得他们的想法比较合乎常理，便和他们达成协议：（1）明天中午借校服；（2）告诉六（3）班同学一定要发挥最佳水平，勇得第一。

第二天中午，换校服的事情如期进行，孩子们听到六（3）班同学的声声感谢，心里乐开了花。下午的队活动比赛，我还挑选了几名学生代表一同前往观摩，美其名曰"看看我们新校服的风采"。队活动结束，回教室的路上，大家兴奋地对我说："朱老师，没有这新校服，我觉得这队活动恐怕会逊色不少。因为他们的活动是与新校的生态校园建设紧密联系的，而我们的校服就是新校的一大特色。"

数日后，陆老师兴奋地跑进我们班："同学们，真的感谢大家，由于你们的新校服以及你们带来的鼓励，我们六（3）班同学在市中小学生班队活动比赛中不负众望，获得了特等奖，将代表常熟参加苏州市比赛。"顿时，教室里掌声雷动，同学们脸上的笑容绝不亚于自己得了奖。

直到陆老师走出教室，我们班的孩子依然为六（3）班的佳绩激动着。还

没有等我开口说话，好几个孩子已经站了起来。“老师，我们的校服没有白借。”“老师，这次我们的校服可立了大功了。”“军功章上也有我们的功劳！”“老师，现在，我终于又一次深深地体会到了‘给予是快乐的’。”

“在六（3）班参加苏州市比赛时，肯定还要向你们借校服，你们借不借？”

“借！”同学们异口同声。

望着一张张洋溢着笑容的脸，我也高兴地笑了。因为在这一次心灵的教育中，我是一个成功的教育者。我不仅走进了孩子的心灵深处，而且拨动他们心灵深处的那根弦，和他们一同奏响了一首快乐之歌。

“给予是快乐的！”愿这朴实的语言能伴随我的这些孩子，让他们收获更多的快乐！

过分的“关心”是负担

◇怀 宁

在我的抽屉里，有一张2002年3月10日晚上9：38去黄山的火车票。车票已被揉得皱巴巴的，但在它身上却发生了一个让我终生难忘的故事：

当天下午，我正在办公室内认真地备课，准备明天上公开课。这时，班长气喘吁吁地跑进来，说：“不好啦！×××要出事了！”“不要急，坐下来说！”我停下了手中的工作。“×××好像在向她的好朋友A告别，说是晚上就回家，以后就不来上学了。”我感到事情有些蹊跷，决定弄清楚。

我把×××带到了办公室。×××好像刚刚哭过，眼睛有些红肿，我倒了一杯水给她，请她坐下。

“怎么了，今天心情好像不好？我正要找你呢。”她不说话！

“昨天你爸爸打电话给我，叫我叮嘱你一定要多穿点衣服，春天刚到，乍暖还寒的。”我想寻找一个谈话的突破口。她还是不说话！

“你爸爸还问到你近期的成绩如何，我说还可以，语文在月考中考了第一，只是数学还有点跛腿……”话还没有说完，×××就哭了，好像很委屈似的。我想，问题一定是出在学习成绩上，于是给她一张纸巾，安慰她说：

“没关系，只要努力，成绩会好起来的！我们可以一起研究学习数学的方法和计划呀！”

“您不要说了，怀老师！我不想学了，我真的不想上学了。”经过我的一番努力，×××虽然没有说话，却从口袋中拿出了一封信。我打开一看，这是写给我的：

怀老师，当您看到这封信的时候，我已经踏上了去黄山的火车。黄山一直是我向往的地方，或许我会将我永远地留在那个云海温泉之乡……我知道，您和所有的老师都特别关心我，我这么一走有愧于你们对我的厚爱，但我真的要走，我实在受不了你们对我特殊的关照！尤其是数学老师，我害怕他特殊的关爱！您或许不知道，我是努力了呀！我努力了一学期，但我的数学成绩并没有摆脱初中时那种被动的局面，在刚刚结束的月考中，我又一次“大红灯笼高高挂”，于是数学老师就对我采取了全方位的“轰炸”：作业批改连一个标点符号都不放过，有时批语一大页；课堂提问一次又一次，同学们还以为他是我的亲戚；课后作业要加量，下午自习课还要给我补课……我真的受不了，我只要看到数学老师的眼睛我就浑身发抖，他那锐利的目光好像在训斥我：你怎么这么没用！你是一个窝囊废！你拖了班级的后腿！我没有办法，我只好逃脱。怀老师，也请您告诉数学老师，谢谢他的关心，但我真的承受不起！……

原来是这样，我终于弄明白了。

做了许多工作，我终于说服了×××，让她交出了火车票。这是今晚9：38就要出发的火车！如果不是班长告诉我，事情不堪设想。这张火车票已经被揉得皱巴巴的了，×××一定将它捏在手中思考了许久才做出最后的决定。我答应她在不告知实情的前提下，与数学老师沟通一下，并相信她在自身的努力和老师的适当帮助下，一定能提高数学成绩！

在对学生的教育中，“关心”是有其积极意义的。但过分的“关心”往往会给学生带来沉重的心理负担，而学生那还稚嫩的心灵是难以承受如此重荷的。

童心勿欺

◇王艳芳

市里举行音乐优质课评比，老师们都使出浑身解数，多媒体的使用还真

有点“乱花渐欲迷人眼”之势。设计的教学情节一个比一个新奇，充分调动了孩子们的好奇心和参与的积极性。

有一个老师教唱《蜗牛和黄鹂鸟》，课件画面简捷明快、清新自然。课堂上孩子的表现也很投入，进行音乐剧表演时，老师发动孩子们就地取材，充分利用身边的资源。结果孩子们妙招不少：有几个人用双手搭建起葡萄架，书包也变成了蜗牛重重的壳，活灵活现地刻画出坚韧不拔的小蜗牛形象；有的孩子还有节奏地敲击着桌子边唱边演；有一个小男孩还拿起班里浇花的喷壶，说要给葡萄架来点“春雨滋润”；有个孩子还扇动着小胳膊变成一只聪明伶俐的小百灵鸟……整堂课气氛活跃，师生情感水乳交融，连听课的我也嘴里哼唱着歌谣，跃跃欲试真想参与其中。教学过程如行云流水般流畅。结束的时候，老师富有激情地总结了这节课：同学们的表演太精彩了，下课后我们成立一个小小音乐剧团，到各班巡回演出。

课后我反复琢磨着这位老师最后的结束语，有些困惑：真能组织一个小小剧团到各班巡回演出吗？答案是否定的。因为这些学生根本就不是自己学校的学生。我知道这只是她的一个结束的需要，“演课”的需要。这不是对孩子善意的欺骗吗？想一想这几天听过的优质课，这样不能兑现的承诺太多了。“下节课我们组织一个图片展，交流在网上查询的结果。”“春天我们再来一个美丽的约定一起来开春天的音乐会”……这样不美丽的谎言太多了。也许我们的老师在欺骗孩子时，自己并没注意到这点。

欺骗，竟使一个天真的孩童受到最深重的伤害，以至于有些孩子在长大后见了“欺骗”后联想到的代名词竟然就是“表姑”。

我们天天对孩子进行诚信教育，用我们小时候百听不厌的故事《狼来了》、《诚实的列宁》来启迪孩子在日常生活中，应怎样做个有诚信的人。但我们自己这样善意的欺骗难道不是对诚信教育的一个讽刺吗？我们是否应该每天都反思一下自己：今天我有没有给孩子开空头支票？我有没有欺骗孩子？哪怕是善意的无意识的谎言。

失去诚信的教育是危险的教育，是在向未来社会塑造不合格公民。老师以优秀课评比获得荣誉为目的，却对未来社会发展采取了极不负责任的态度。今天的教育，造假成风，如何能够承载面向未来的重任？让孩子伴随诚信健康成长，真实才是一堂好课的底线呀。真诚比知识更重要！

希望我们为人师者都用心记住这三句话：孩子是可以批评的，孩子是可以指责的，但孩子是不可以欺骗的！

走进学生心灵的艺术——倾听

◇ 龚晓丹

丁丁来到班主任的办公室，报告也没喊，便直接走到班主任身边说：“太气人了！体育老师要我写检查。”班主任因嗓子发炎，说不出话，正坐在沙发上休息。丁丁见班主任没有责备他，便一下子把闷在肚子里的话倒了出来。原来，在体育课上进行队列训练时，同班同学田甜恶作剧地捅他，丁丁告诫了他几次也没用，于是便争执起来以至动了手。体育老师恰好发现了，立即制止并勒令两人写检查。班主任由于不能说话，只能望着丁丁干瞪眼。丁丁发泄完了，见班主任没有指责，只是看着自己，便由衷地说：“老师，谢谢您能听完我的话。”班主任的眼圈湿润了。过了一会，丁丁把写好的检查送给班主任看，并主动向班主任检讨了自己的错误。班主任百思不解，为什么以前对学生的缺点进行教育，甚至批评指责，学生并不以为然，而今天自己只是听完了学生的话，一句话也没说（当然不是不想说而是不能说），学生却好像变得很懂事了。

其实，在教育过程中，我们教师的说与听是同等重要的，从某种意义上说，听有时比说还要重要。乌申斯基说过：“如果教育者希望从一切方面去教育人，那么就必须从一切方面去了解人。”从这个意义上说，真正的教育必然是从心与心的对话开始的，而心与心的对话又是从真诚的倾听开始的。不会当一个真诚的倾听者，那么你也就绝对不会成为一个合格的教育者。倾听本身就是一种教育，即使你没有给对方什么指点或帮助，但因为有了倾听，你便在心灵上给予了他十分丰厚的精神馈赠了。倾听是理解，是尊重，是接纳，是期待，是分担痛苦，是共享快乐。它的意义远不是仅仅给了孩子一个表达的机会，它或许带来的是早已失落的人格自尊，点燃的或许是行将熄灭的思维火把，铸成的或许是尘封已久的信念追求。

现实中，大量的教师言语充斥了整个课堂，甚至充斥了师生交往的所有

空间。难怪约翰·洛克说学生把我们的一些教师当成“惊吓鸟儿的稻草人”，见了就害怕。而一个具有倾听意识和习惯的老师一定会给孩子留足表达的时间，一定会带着朋友般的热忱与亲切来静静地聆听对方的倾诉；一个具有倾听意识和习惯的老师也一定善于触摸到孩子情绪的温度，一定善于听出弦外之音、言外之意，一定能发现谬误中蕴涵的新奇，琐碎中寄予的真切，荒诞中包含的合理；一个具有倾听意识和习惯的老师一定会听到孩子思想抽穗、情感裂变、知识拔节的声音。真正的倾听意味着一种平等、尊重，是心与心默默的靠拢，是情与情悄悄的对流。如果我们能够做到这一步，那么我们的教育实际上已经成功了一半。

想说爱你不容易

◇ 史金霞

那时候学生几乎和我一般大，可我却像一只老母鸡一样恨不得将他们全部翼护在暖羽之下：我给学生缝过衣服，我带学生到医院看过病，我为家境贫寒的学生交学杂费，我给学生熬粥煲汤喂过饭……那时候，心目中好老师的形象是这样的：生活中无微不至；课堂上生动活泼，对学生一视同仁；谈心时要像牧师一样指引灵魂；关心时要像保姆一样体贴入微；批评时要像法官一样刚正不阿。

刚工作的几年，我就这样不遗余力地扮演着好老师的角色。那时特别喜欢“万里东风催桃李，一腔热血育新人”这两句，“万里东风”何其壮，“一腔热血”多豪迈，“催桃李”争妍夺艳是多么炫目的盛景，“育新人”谱教育乐章又是何等辉煌伟大！

然而，“桃李”不开，“新人”积怨，这是多么强烈的反差，又是多么辛辣的讽刺啊！当渐渐发现学生不再因我的关怀感动反而无动于衷，不再遵循我的谆谆教诲反而阳奉阴违，不再把我的评判当成金科玉律反而腹诽连连甚至嗤之以鼻时，我的心碎了！伤心、懊恼、痛苦、愤怒、厌倦、冷漠……这些情绪如潮水一般把我淹没。年轻的心灵蒙尘染垢，我是如此脆弱，不堪一击，我绝望了，朽木不可雕！朽木不可雕！！朽木不可雕！！！我一遍遍地在心里诅咒他们——这些浪费了我的青春，枉费了我的热情，耗费了我时间的没良心的家伙们！我恨透了你们！

于是，我开始在班里指责他们的劣迹恶行，诉说我的疲惫和失望，泪水也随着疾言厉色滚滚而下，学生们于是呆了，于是哭了，汪洋滂沱痛心疾首，他们诚恳地道歉，他们虔诚地改过，他们真的乖了很多……因为爱，所以痛，我一直这样认为。

可是如今回首，那时的我是多么的脆弱啊！对于教育，对于学生，脆弱的我，付出的又是一种怎样的爱啊？

爱，是一种付出，但绝不应是一种投资。付出了爱就要求感恩和报答，这样的爱，只能越来越沉重。它让教师成为神坛上的祭品，为了那炫目的光环而做出失去自我的巨大牺牲，于是教师的情感变得异常脆弱，每个学生都成为负债的门徒，师恩深似海，海水苦又咸，学生只能背负着心灵的感愧，不忘所来何自，不敢造次师门。

“我这么辛苦地给你们批改作业，你还不交！你对得起谁？”

“我每天早上早起跟操，晚查就寝，你却不遵守作息制度，你有没有良心？”

“我为了备好这一节课，晚上都没有睡好，白天不是照样精神抖擞地上课吗？你上课怎么还瞌睡打盹？”

每每面对学生这种种“不争气”、“没良心”的作为，有多少教师不是这样呢？或者咄咄逼人、盛气凌人；或者满面失望，眼含热泪，以施舍者的姿态训话，以恩人的身份自居呢？相对于体罚而言，也许这种精神上的征服，是更加可怕的。因为棍棒之下可能激起强烈的反抗，而面对不忍心让其失望伤心的又累又苦似父如母对自己厚望殷殷的老师，就是铁石心肠的学生也不能不感动啊！

原来，我们竟然是以靠示弱而博得同情的手段来教化学的生，这不是对爱的最大讽刺吗？面对学生，真的，想说爱你不容易！

第二章
师生情深

感　激

◇ 肖盛怀

课间，看到王静桌上有两个笔记本上的书夹很好。我想，我那么多文稿，如能夹起来，那多省事。

“在哪儿买的?”我情不自禁地问。

“校门口的商店里买的，”王回答，“五毛钱一个。”

“你要吗?”邻桌的汪千红问，“我有两个，送给你一个!”

“谢谢!”我一向与学生关系很好，也很随便，“但我不要!”“为什么?”汪歪着脑袋，不解地问。

“我怕我报答不了你的大恩!”我大声说，班上的同学都听到了，大笑。

“我又不要你报答!”汪红着脸笑着说。

“但是，我这个人当受到别人的帮助时，我的感激之情会永存心中，念念不忘的。”我认真地说，“滴水之恩，当涌泉相报!”

同学们都笑了。也许是我这句话颇有江湖中人的语气，也许同学们以为我在说笑话，也许在笑汪的什么，但我说的是真心话。

在与学生的交往中，我常讲出自己真实的感觉，是怎样想的就怎样说，所以同学们一般都比较喜欢与我交流或听我讲话。

有时候，我们从别人那里得到的关怀和帮助，并非那么生死攸关、轰轰烈烈，也许只能称得上“滴水之恩”或“一臂之力”，甚至不易觉察，譬如一句话、一个举动、一个眼神、一个微笑或者一种倾听、一种理解和宽容、一个不期而至的问候……但正是这“滴水之恩”、“一臂之力”或不易觉察的关怀和帮助，往往能使我们柳暗花明、备感温馨，它们洋溢于我们的心头，如陈年老酒，历久弥醇，回味悠长。

当我讲完上面的道理后学生们若有所思，似乎明白了什么。很好，这样就达到了我预期的效果。学生们去想这个问题了，他们就一定会有自己的思想与观点，就会带着自己的想法去观察这个社会。他们会去辨别、体会、思考，这样，他们就会不断进步、成长，逐渐走向成熟。

感激是心灵的一次震撼和洗礼，是一种温暖，一种鼓舞，一种力量。

感激是一枝美丽的花朵，让我们把它种在学生的心田。

伤心南飞的燕子

◇ 刘家宝

燕子是我刚参加工作时教的第一届学生，她美丽大方，两个晶亮的眸子就像山间的两泓清泉，披肩的长发犹如黑色的瀑布。而更值得称道的是燕子那好得让人惊奇的成绩。我从初一就接任燕子所在班的班主任和语文课教师，一个循环，便到初三。每次考试，燕子的分数总是在全年级遥遥领先，令其他同学望尘莫及。可以这样说，若让全校老师选举出一名自建校以来的最佳学生，当选者肯定是燕子。

在应试教育一统天下的当初，燕子给我带来了教学的春天，给我带来了收获的希望。

然而，优秀的燕子却由于我的缘故没有参加毕业考试，没能继续她的学业，而是带着刻骨铭心的伤痛加入了打工者的队伍，飞向了她并不想去的南方。

初三最后一个学期刚开始，我就察觉到燕子的神情恍惚。我上语文课时，她老是痴呆呆地盯着我出神，回答问题时，思维也远没有以前那样敏捷。我知道，燕子的思想出了问题。就在我刚准备着手解开她思想上的疙瘩时，燕子却主动走进了我的单身宿舍，将一封信交到了我手上，然后飞快地转身离去。

那封信我不看则已，看后便怒不可遏——那是一封“情书”。

这个燕子，在这节骨眼上竟然分了心！

第二天上课，我一脸寒霜地走进教室。站在讲台上，我先用威严的目光扫视着全班同学，然后声音低沉地说道：“燕子，把你的这篇‘习作’拿回去。你要清楚，现在是毕业前的关键时期，你有资格考虑其他事情吗？”在全班同学不解的目光中，燕子低着头将那封信紧紧地攥在手心。我发现，燕子的眼里噙满了泪水。

我只是想用这种方式来给燕子当头一棒，让她清醒过来，可接下来发生的事证明我的做法是多么糟糕。那节课之后，燕子不见了。刚开始，我并不害怕，心想让她冷静一下就会好的。可是一连好几天，燕子都没有露面，我才意识到问题的严重性。

那天，我走出燕子的家门，脑中一片空白。多情的春雨淅淅沥沥地下个不停，我没有撑开手中的伞，任雨水淋湿了我的头发，淋湿了我的衣裳，也淋湿了我忧伤的心。燕子父母的话仍在我的耳际回响："燕子到南方打工去了。这孩子，也不知为什么，说她再也不想上学了。"怎么办，怎么办，我该怎么办？去找她吗？即使找到她，我又能对她说什么呢？我不停地责问着自己。

事情已经过去了很多年，我没有向任何人说起过这件事，但我时时都在责备着自己的简单与粗暴，责备着自己的无知。燕子有什么错，我为什么要给她这么大的伤害？对于处在青春期的燕子来说，出现这种事是正常的。如果当初我的方法能够巧妙一些，事情的结局绝对不是那样。

此后，我再也没有见到过燕子，只是听说她一直在南方闯荡，不愿回到家乡，不愿见到家乡的人。

燕子，你在南方还好吗？

"我等你，你没来！"

◇高　妍

当张老师接手这个班级时，她很快便发现，邢航的作业一塌糊涂，三年级了，作文通常只有四五十个字，而且还错字连篇，就连拼音也十有八九是拼写错误的。于是她决定每天放学以后，单独给邢航补课。冬天黑得格外早，不知不觉间，外面已经暮色笼罩了。补完课，张老师和邢航需要扶着栏杆感觉着台阶慢慢下楼，一同在夜色中走向车站。连续一个星期了，邢航只是被动地接受，熬到最后一班车发车的时间，收拾书包，无视门口，冲向车站。因为，他知道，张老师和他一样，离学校也有一段不近的距离，错过了最后一班车，都只能走路回去。

一天，张老师没有给邢航补课，而是给他讲了一个故事：

有一个人厌倦了家中和母亲相依为命的单调生活，要去千里之外投拜菩萨。路上遇到一个禅师，禅师对他说："与其拜菩萨，不如拜佛。"那人问："佛在哪里?"禅师告诉他："当你走到一个地方，看到有个人披着毯子，反穿着鞋子来迎接你，那就是佛。"青年走了很多地方，都找不到这样的人，他失望之际回到了家。到家时，已经三更半夜，母亲听到儿子的呼喊，欢喜万分出来开门。匆忙中，没有来得及穿衣服，只披了毯子，拖鞋也穿反了。见到冲过来的母亲，儿子顿时大彻大悟——母亲，是佛。

讲完故事，张老师自己也被打动，久久沉浸在故事中，没有说话。邢航已经是泪花点点。教了三个月，张老师还是第一次看到这个虎虎生风的男孩这样流泪：过去，在老师的大声训斥下，他桀骜地抬起头；在家长和老师的共同夹击下，他从来都是不置可否；然而，今天他听这个故事后竟情不自禁流下泪来。

张老师告诉他：在人类的许多种情感中，母爱最伟大。母爱如佛，教师如母亲，便也有了佛性，教师是阳光下的佛。不图回报，无怨无悔。老师只是希望你迎头赶上，因为你一点儿也不比其他同学差。这次，补课的时候邢航格外主动。补课结束，他还拍着胸脯对张老师说，以后一定动作快些，让张老师早些回家。一股暖流流过张老师的心田。

张老师仿佛觉得在黑沉的夜色中走也变得有了诗意，小区里灯火通明，飘散着饭菜的香气。邢航关切地问张老师，天气这么冷，怎么上班？张老师疼爱地抚摸着邢航的头，告诉他，自己早上每天出门很早，有时候走路上班。邢航的眼里闪出一丝亮光，突然提高了声调，跑到她的面前说："我每天也走路上学，咱俩一起走?"张老师像第一次看到邢航那样新奇，高兴地说："好啊，明天见面我再给你讲一个故事。"两个人说话的同时，嘴边都冒着白气，但是却异常兴奋。"Yeah！"一双小手和一双大手握在一起。"一言为定！"邢航下车的时候不时回头，好像在提醒张老师。

这一个晚上，张老师在温暖的被窝里睡得很香。第二天一早，当她睁开眼睛时已经7：40了。她慌忙下楼，叫了一辆三轮车赶到学校。第一节课是数学课，她坐在办公桌前准备上第二节课。等第一节下课，数学老师气冲冲地对她抱怨：邢航太不像话了，都上课20分钟了，他才走进教室……张老师猛然想起昨天的约定，如梦初醒。她迅速冲进教室，其他同学都出去玩了，邢航一个人坐在教室里生闷气。邢航撅着嘴对张老师说："我等你，你没有来！"原来，他7：30就到路口了，一直在等张老师过来，可是等了好久，也没有等到她。他望得脖子都酸了，心里还琢磨着可能是张老师从别的地方过去，自己没有看见。直到听到学校的上课铃声响起，他才匆匆跑到学校，还被数学老师训了一顿。张老师的脑海中浮现出这样的画面：在寒冷的早晨，一个小男孩怀揣着欣喜，等待着老师的到来。风灌进他的领子里，他缩着脖子，搓着冻僵的手，不停地跺脚御寒。目光不停地朝一个方向张望，生怕错过。张老师为自己的疏忽深深自责，难怪有人说过：给孩子一束阳光，他会回报你整个宇宙。然而，孩子的心也是脆弱的，一片阴影或许也会伴随着他的人生道路。

从那以后，邢航看到她的目光中多了几丝冷漠。面对考卷上触目惊心的分数，张老师不知如何是好。

老师的不守信用，不诚恳的态度，失去了转化学生的最佳时机。这个时机多么像拨打长途电话，好不容易，约定好互通电话。当学生激动地按下号码，拿着听筒，翘首企盼的时候，老师那边空无一人，老师始终没有出现；而当老师意识到想要拨通电话的时候，学生的那一端已经想起"嘟嘟嘟"的占线声音。

小猪博士又飞回来了

◇ 项晓飞

著名教育家苏霍姆林斯基曾说过："我们手中掌握的是世界上最宝贵的财富——人。我们如同雕刻家雕琢大理石那样在塑造人。只有相信人的人，才能成为真正的教育能手。"教师对学生的信赖，看似微不足道，却渗透着教师深深的爱。在我的班主任工作中，曾遇到下面这样一件事。

一天，说来也真奇怪，一直放在我办公室桌上的一件精美的小玩意——小猪博士不见了，而且上午第四节课结束后还在，中午我又在学校吃饭。仅仅二十分钟的时间就不翼而飞，里里外外找了个遍也不见踪影，我觉得很纳闷：会是谁拿的呢？说起这个小玩意也确实挺好玩，我还曾拿到教室让学生作为写作对象，写了习作《我喜爱的小猪博士》。虽说值不了多少钱，但丢了很可惜。更重要的是如果不查明真相，等习惯成了自然，那对一个人的成长是多么不利啊！班主任的职责使我暗下决心，一定要查个水落石出。可是，该如何处理这个问题呢？我不由得陷入沉思：偷窃，这是一个多么敏感的话题，我也曾亲眼目睹身边的教师是如何解决的，但结果往往是适得其反。此时，对于教师来说，任何一个不妥的举动都有可能在孩子幼小脆弱的心灵上留下深深的烙印。我暗暗寻找着解决的办法。

午会课时间到了，我一脸沮丧地走进教室。“同学们，今天项老师觉得很不高兴，你们知道为什么吗？”顿时，学生们你看看我，我看看你，一脸的迷惑。“你们知道吗，今天，放在我办公室桌上的小猪博士不见了，这是老师最要好的一个同学送给我的生日礼物。如果你们看到了请告诉我一声，或者哪个同学觉得好玩想玩几天，那么也可以，过几天再还给我，悄悄放回原处。”说完，我以班主任特有的敏锐的眼光扫视了教室的每个角落，一切似乎风平浪静。

然而出乎意料的是，第二天中午吃完饭回办公室，我大吃一惊，那个小猪博士安然无恙地静静地站在我的办公桌上。尽管看上去有些折痕，但还是那么可爱，我心里不由得一阵惊喜。看来，果真是我班学生拿的，可此刻，我已找到圆满的答案了，喜悦溢出了嘴角，漫上了眉梢。

又是午会课，我笑容满面地走进教室：“同学们，你们知道吗？今天，我的小猪博士又回来了。也许它觉得还是在项老师这儿舒服。”说完，教室里一片哄堂大笑。

就这样，一件小小的风波平息了。可这件事却引起我深深的思索：如果当时我不够冷静地大声质问学生，或者急于求成，检查学生抽屉的话，那结果又会怎样？著名教育家蒙台梭利曾说过：儿童有着他自己的人格，这种尊严是永远不能磨灭的，所以他的纯洁而敏感的心灵需要我们最审慎的爱护。

看来，教育是需要艺术的，这种艺术来自于教师内心深处对学生教育事业无限的爱。

最后一课

◇ 刘春凌

曾经以为现在的学生从小就沐浴在爱的空气里：父辈的疼爱，祖辈的溺爱，亲友的关爱……于是成了爱的承受者，不懂也不会施爱于人，尤其不会向长辈施爱。然而，我错了，在我湖中教学生涯的最后一课，我的学生不仅深深地感动了我，而且深刻地教育了我！

2004 年 3 月份我就调到教研室了，但学校留我到期末，为了稳定“军心”，我们封锁了消息。6 月 22 日，是我校常规上课的最后一天，我准备向大家宣布。课在下午第一节，我走进高二（2）班的教室，刚到门口，就响起了掌声，我先是一愣，有点意外，随即微笑着走上讲台。掌声更热烈了，我抑制不住地笑着拱手表示感谢。渐渐地，掌声停息了，前排同学在看自己拍红了的手。我说：“谢谢，今天，是我在湖中上的最后一课。”我简单地说了调动的前因后果，同学们表现出很留恋而又很无奈的神情。我又说：“好了，现在自己看书复习，有问题我个别解答。”但没有人打开书，只是呆呆地看着我。我只好说：“不想看书？那好吧，我们聊聊。你们什么都可以问，我来答。”

“老师，给我们说说你老家的风土人情吧。”

我满足了要求。

“老师，你对我们班印象最深的是什么？”

“很多，但我最感动的是徐澜说他能听出我的脚步声。”我看了徐澜一眼，他激动地点着头。

“老师，你会说湖州话吗？”我摇摇头：“能听懂，但不会说。”

“那，你给我们说句你家乡的方言吧。”我难为情地停了一下，之后说了一段陕西独角戏：“我往这达一站，人家都说我长得难看：说我的眼睛像鸡蛋，说我的鼻子像大蒜……”

快下课时，有个同学提议：“我们给刘老师唱首歌吧，曹宏，你来领头。”那个叫曹宏的男同学站起来：“我们一起唱《真心英雄》吧。”

站在讲台前边的我，听着，听着，眼泪止不住地流下来了，转过身在黑板上写道：“谢谢大家！祝你们成功！再见！”流着泪，我走出了教室。

第二节，我走进（1）班，因为我是班主任，所以学生在我面前一向比较拘谨，很听话。我很平静地让他们看书提问题，他们照做。许久，一个同学问“唇枪舌剑”的“剑”，我写在黑板上。下课了，在我走出教室时，一个同学说：“老师，给我写几句话吧。”“好的，我拿到办公室写。”谁知身后竟跟了一大批同学拿着随笔本。进了办公室，（2）班的语文书堆满了我的办公桌，课代表说：“老师，请你给我们书上签名！”

三天后，6 月 25 日早上，仍是停课复习时间。我走进（1）班教室，一下子惊呆了：黑板上写满了字，中文、英文；白色的、彩色的。我仔细地一句句看过去：“如果全世界我也可以放弃，至少还有你值得我去珍惜；而你在这里就是生命的奇迹；也许全世界我也可以忘记，只是不愿意失去你的消息。”……我的眼睛潮湿了，鼻子酸了，我被同学们深深的真挚的情谊感动了。下午，我特地买了胶卷，拍下了这永恒的纪念——永恒的爱！

爱到永远

◇ 周卫娟

小的时候，曾羡慕地模仿老师大笔一挥写出的漂亮字，曾陶醉地欣赏老师弹奏的美妙音乐，曾沉醉地聆听老师那如诗如画的教学活动……在我的眼中，老师是一个完美的人，是我最敬爱的人。说句实话，我曾偷偷地摸过老师的粉笔，也曾悄悄地蹭到琴边，可是我不敢碰，因为那时的我是一个乖小孩，从不敢做老师不喜欢的事。但是，我却有了一种深深的愿望，长大后我也要做老师。1996 年中考填志愿，我就报考了师范学校。也许为我的诚心所动，我终于如愿以偿，实现了自己心中的愿望。

经过三年的寒窗苦读，我告别了来自五湖四海的同窗好友，来到了幼儿园，看到了几十双充满热情却又十分幼稚的眼睛。于是，我从一名学生变成了一名小老师。

初为人师真好比第一次吃螃蟹，看的时候胆怯，吃的时候味美，但又十分艰难，吃完后却又令人回味无穷。

说句实在话，刚接触孩子，总觉得孩子不懂事，他们不停地吵、闹、打，总有做不完的事。唉，毕竟是刚做老师，朵朵愁云便挂上了我的眉宇。经过一段时间的密切交往，我与孩子们熟悉了，慢慢地亲近了，孩子们开始与我拉家常了。我呢，也特别愿听他们的唠叨了。看，上课了，小眼睛睁得大大的，正在听我讲有趣的故事、优美的儿歌呢。瞧，下课了，有的小朋友为我揉肩，有的为我揉腿，有的为我接杯水，有的向我诉说着悄悄话。还有那儿呢，正在玩我教的游戏，多温馨的一幅图画啊！这群天真可爱、顽皮好动的“小天使”，面对老师有的只是无比的尊敬与信任，在他们心中是一片纯真的天空，与他们交往是和谐的、快乐的。不信，你再瞧，谁穿了新鞋子，会迫不及待给你看，拉拉你的衣角，自豪地翘起小脚，然后神秘地一笑。多么可爱的孩子，我已爱上了你们，不，应该再添个词：深深地。

对付螃蟹很难，对付孩子更难。对付螃蟹难，但只要有胆量还是可以的，对付那些活蹦乱跳的孩子就不那么容易了。那不只是有胆量就能奏效的，有时更需要知识和智慧。

那是我刚入园的一学期，接的是大班。有一天，下着雨，付毅小朋友留在活动室吃父母送的饭，我带着其他小朋友去食堂进餐。用完饭，小朋友们回到活动室。

“老师，我的卷笔机不见了。”

“你刚才放哪了？”

“我放在桌上的，现在没有了。”

怎么可能？我暗自嘀咕，肯定是被谁拿走了，可会是谁呢？付毅不是一直在活动室吗？对，我先去问他。

“付毅，你看到是谁拿了吗？”

“我看到隔壁大班里的小朋友来拿的。”

天真的我从来不会说谎，对孩子的谎言更是信以为真。

"他长什么样?"我又问。

"他有点……"支吾了半天,他却怎么也说不出来,真把我急起来。

这时,指导老师走了进来,我像见了救兵,把刚才发生的事告诉了她。她走到付毅身边,问:"你真的看见隔壁班级的小朋友拿的吗?"

"是。"干脆又利落的回答。

"是你亲眼看见的?"

"是。"迟疑了一下,点点头。

"请你对老师说实话。"

没有回答。

"如果是你拿的,你待会儿在没人的时候把它拿出来给老师,老师帮你还给小朋友,老师不会让其他小朋友知道的。只要你以后改正,不再拿别人的东西,你还是个好孩子,老师还会喜欢你的。"

到了没人的时候,付毅果然把卷笔机拿了出来,眼里充满了感激。从那以后,他真的再没拿过别人的东西了。

在幼儿园里,随时都会有诸如此类的事给我来个措手不及,可真比吃螃蟹难多了。但我自从有了那次的经验后,也学会了最好的处理方法,那就是老师先要有敏锐的观察力和判断力,另一个就是要注重保护孩子的自尊心,让孩子觉得老师是可以信任的,从而能更好地培养师生间的感情。

不管经历什么样的风雨,我永远感激喜爱那一群又一群活蹦乱跳的小螃蟹,尽管有酸、有甜、有辣……但味道真的好极了。

虽然说我的教育生涯还很短,但是,我的教育画面却很丰富、充实。这其中的感觉,还需要我慢慢去欣赏、品尝。在这里,我希望自己的教育故事能够永远继续,同时,我也相信,自己的教育续集将会更精彩。

迟到的提醒

◇ 郭爱华

"郭老师,你的信。"传达室的于大爷一边打招呼一边递给我一封信。我接过来一看，信是从我曾工作过的齐都中心小学寄来的，署名“学生郑小燕”。看到这熟悉的名字，我的眼前立刻浮现出一个小姑娘的身影。郑小燕，是个活泼好动的孩子，学习成绩不错，大家都叫她“小燕子”。我也跟着孩子们叫顺了口。我心想：这小燕子，还记着我呢。我颇有些得意地开始读她的信。信是这样写的：

尊敬的郭老师：

您好！转眼间，我小学毕业已经9年了。跟您一样，我现在也成了一名小学教师，并且来到了我的母校，也是您曾经工作的地方。走进母校，童年的许多事又浮现在眼前。

记得读小学五年级时，您来到了我们学校。那时的您，年轻、漂亮，课下经常跟我们一起玩。我们都很喜欢您。可是，后来发生了一件事，却让我对您敬而远之了。

不知您是否还记得，那是在一个下午的自习课上，您去开会回来，我们都在做您临走时布置的作业。过了一会儿，有位同学说了一句“做完了！”我的同桌以为是我说的，就说：“我看看！”她瞟了一眼我的作业本，说：“你根本没做完，净骗人！”“谁骗人了！我根本就没说话！”我很激动，心想：平时看你挺老实的，没想到老师不在的时候，你竟然冤枉我！你以为我小燕子是好惹的吗？我越想越来气，就跟她大吵了起来，惹得全班同学都朝我们看。正在这时，您推门走了进来，不问青红皂白就把我们俩批了一顿，然后又把我叫到办公室，单独“开小灶”。当时，您根本就不听我解释，认定是我挑起的事端。您以为我的同桌老实巴交的，是绝对不会惹是生非的。您说了半天，我的眼泪在眼眶里直打转。最后，我很不情愿地点点头，走出了办公室。您知道吗？当我走出办公室的时候，觉得老师们的目光就像千万根钢针在刺我的后背。回到家，我扑在床上痛痛快快地哭了一场。

不知您那时是否感觉到，从那天起，我就跟您疏远了。尽管您还经常亲切地叫我“小燕子”。

郭老师，事情过去这么多年了，我还记在心里，并在信中告诉您，您是不是觉得我特别小心眼？其实，如果不是我选择了教师这个职业，也许我不会再提起这事。但是，走上工作岗位后，每天面对的是一群天真烂漫的孩子，他们常常带给我一份惊喜，或一丝烦恼，或一些思考。小学时这么一件小事，竟让我如此念念不忘，可见孩子的心灵是多么稚嫩，需要我们用心呵护。因此，我不得不认真思考如何谨慎地对待学生，以使自己的教育生涯少一些遗憾。

作为学生，也作为同行，我想以我的亲身经历来为我们的工作提个醒。也许，我的提醒是多余的。您执教了这么多年，工作方法一定改进了不少，也积累了丰富的教学经验。改天，我一定登门求教。

您的学生；郑小燕

2004 年 3 月 5 日

读罢来信，我的心情变得异常沉重。我真后悔自己当年的武断。我应该真诚地向她道歉，并感谢她提醒了我，尽管这提醒迟到了多年，但它毕竟震撼了我。

老师，“生日”快乐

◇ 卢海波

说实话，今天不是我的生日，可孩子们硬说是我的生日，还一个劲儿地说祝老师生日快乐。

我毕业分配到这所山村小学快一年了。学校坐落存一个山坡上，大山的臂膀从前方伸过来，小学校就这样温暖地躺在了山的怀抱里。一条小溪从学校前方弯弯地绕过，折过一个山头，消失在大山尽头。

早晨，学校还沉浸在浓浓的雾气中，孩子们就从大山的各个角落走来，带着山的清秀，带着泥土的朴实，带着山花的烂漫……沉寂的教室顿时传出朗朗的读书声，那声音如一缕薄雾，飘出教室，飘向大山，飘向远方……

山里的孩子对外来的老师有着一种特殊的亲昵劲儿，我也喜欢他们。我们之间没有年龄造成的心理距离，只有说不出的亲密无间。准有了好吃的东西，一定会硬塞给你。你不接，他就会噘起小嘴说：“老师，你是不是不喜欢我?”我接过了，孩子就会开心地跑开了。

可今天不是我的生日啊！孩子们一个接一个地来祝福我，我摇摇头，他们却很肯定地说："是的，就是的。"我又好气又好笑地追问："谁告诉你们的？"回答都是一样的："听别人说的。"一个传一个，竟然传成了真的。

很快，就有孩子们送来自制的小卡片、一幅画、一个小泥人，还有刚采来的一束野花，我的裤兜里也塞进了糖粒、饼干、鸡蛋、……我走进教室，想向孩子们解释一下，可还没等我开口，孩子们就一齐唱起了生日歌，尽管有点跑调儿，也不很整齐，但每个人的脸上都洋溢着欢快的笑。

望着孩子们淳朴的笑脸，听着他们热情真挚的话语，感受着被人关爱的幸福，我感动了。是呀，我怎能拒绝孩子们的真情呢？今天是不是我的生日已经不重要了，重要的是我看到了孩子们的心灵，如清泉一般纯洁可爱的心灵，真诚地袒露在天地之间，袒露在这大山里。或许，山里的孩子们就是想用这样一种特殊的方式，对他们的老师表达自己的敬意和爱戴。

我闭上眼睛，对自己说："你真的太幸福了！"

感　动

◇ 钱洁瑶

二十岁以前，很容易就被感动了。有时只缘于一阵清风，几片落叶。清幽的夜晚，品茗夜读，也曾为几许落寞而感动。

不知何时，不问缘由的感动渐渐远去，一切趋于平淡。生活真实得似乎失去了五彩光华，尘埃悄悄蒙蔽了心扉。

直至这一天，一个学生家长的话，拨动了我的心弦，让我重温了感动的滋味。

孩子叫陈昆，是个很调皮的外地学生，爱逞能，惹是生非，没少给我惹麻烦。去年冬天，不知为什么，他的嘴角上方破了一大块，结了痂，再加上那油腔滑调的样子，真有几分"小日本"的味道。一次批作业，我见他的脸干板得不成样，满脸都是"萝卜丝"，就随手拿出滋润霜，给他擦上点，又叫他回去也搽点油。接下去的时间里，我全然忘了这件事，只是有点诧异：陈昆变好了不少。

今年开学不久，陈昆故态复萌。我一怒之下，联系了他的家长。第二天早上，他带来了爸爸的纸条，满纸的歉意；中午，他妈妈又来了。交流中，由于心里恼火，我较多地使用了命令的口吻。他的妈妈认真地听着，不时点几下头。谈话结束时，他妈妈跟我说："钱老师，陈昆太调皮了，你尽管批评，我们不会说什么的。他可记着你的好。你去年帮他脸上搽油，他回来就告诉我们了。我们还跟他说'你看钱老师多么关心你，你不好好读书，怎么对得起钱老师？'你看，这下又让你费心了。"

看着她满脸的真诚，我一下子被感动了，心里感觉暖暖的。我做的是一件小得不值一提的事，但是，我的学生，学生的家长却记得牢牢的。

一代名师于永正不正是因为对学生倾注了无尽的爱，才感动了学生，感动了学生家长吗？如果我不问学生调皮与否，不问学生成绩好坏，在学习生活中让所有学生享受多一点的鼓励，多一点的关爱，那我会收获多少呀！

猛然发现，原来，感动不会随年龄而老去。感动就在交流中，感动就在爱的温暖中。只要洗去心灵的浊尘，感动会不约而至！

我喂学生吃蛋糕

◇ 朱雅芳

"如果有下辈子，我还当老师。"在摇曳的烛光中，我郑重地许下了心愿，暖暖的泪水早在我心中流成了一条河。

那是12月的一个极其平凡的下午。第二节下课，中队长邀请我参加主题班队会。我有一丝惊讶，印象中今天没有班队活动课。

中队长拉着我走进教室。那一刹，我惊呆了：讲台上摆放着一只心形大蛋糕，点点烛光在闪烁，五十六个学生和着拍子，唱起了《祝你生日快乐》，歌声真挚、动听，我的心在颤动。

今天是我的生日吗？我忘记了！孩子们怎么知道呢？

"亲爱的老师，我们费尽心机查到了您的生日，为的就是在这特殊的日子里告诉您一句话。"女孩清亮的声音才落，教室里响起雄壮的合音："老师，我们爱您！”

我情难自禁，泪珠从我脸上悄声滑落。

“老师，我们每个人都有心里话想对您说，我们每个人都有一份礼物送给您！我们每个人都深深地爱着您！”女孩美妙的声音再次响起。

五十几个孩子一个接一个站起来，那是我听到最动听的心语；最真诚的祝福；那是我收到最珍贵的礼物，最诚挚的童心。

以“小霸王”著称的鲁星，诵读着自己的日记——《打架》，讲述与中学生“单挑”时的心路历程：“当我挥出拳头的一刹那，我想到了您……我双膝跪在地上，告诉亲爱的老师，是您让我可以自豪地向每个同学宣称：‘我没有打架！”

“智多星”程旺，捧着一根红丝带腼腆地说：“老师，我没有什么珍贵的礼物送给您，就将系蛋糕的红绸子送给您。祝您的日子红红火火！”

课代表樊帆眼含泪水，激动地说：“等到我大学毕业那一天，等到我领第一份工资的那一天，我一定将它献给亲爱的母校……”

可爱的“小精灵”王译文拿出一个方形木头盒，非要我当众打开。那突然伸长脖子呱呱叫的小丑，把我的眼泪吓飞，教室里传出欢快的笑声……

“请老师尝尝蛋糕！”不知谁喊了一声，孩子们便一再请求。可我哪吃得下：“我们一块吃，老师给每位同学喂一口。”五十六个孩子带着灿烂的笑容，热切地等待着。我端着碟子，看着阳光四溢的孩子，心里漾着母亲般的幸福、甜蜜，我想送给每一个孩子母亲般的叮咛、细语。

惠惠一脸甜笑，嚷着：“老师，先喂我！”以前的她文静腼腆，不怎么说话，甚至头也难得抬起。还记得三年级接班时，她不会拼音，读课文时常常遭同学嘲笑。可现在最“得宠”，常常被我邀请回家品尝她特爱吃的饺子。有时候饺子的魅力比上课更有效，现在她不仅仅会拼读，日记也登上了佳作栏，更重要的是获得了同学们的关心、帮助，找回了自信。我来到惠惠面前，凑近她的耳朵说：“小女儿，你真美！”惠惠尝着蛋糕，晶莹的泪珠从笑脸上滑落……

中队长是个女生，省少代会代表，市十佳少先队员。当我告诉她，还想再从荧幕上看到她的形象，她却凑近我的耳朵，悄悄地说：“老师，我也想喂您吃蛋糕。”当我将蛋糕送入她的嘴巴时，她却淘气地将蛋糕糊了我一脸……

带着散发着甜甜香味的蛋糕，我来到一位男孩面前，他的个子和我差不多高，眼眶中的泪花却在闪烁："老师，我不配吃您喂的蛋糕！这段时间我没有进步，让您操了不少心。等到我进步的那一天，您再喂我吃蛋糕！"

我一把揽住孩子，任泪雨在我心间滂沱……

烛光还在闪烁，泪水还在滑落，爱的音符在美丽地跳跃，浓浓的情感在我们心间流动。我不知道这世间还有什么地方有这么甜美的声音，这么真诚的感情，这么感人的场面，我只听到心中有个声音在铿锵："如果有下辈子，我还当老师！"

学生背我上讲台

◇ 姜霞芳

我是一位农村教师，我所在的学校，离县城还有六十多里路，是一所名副其实的山区学校。虽然生活和工作的条件比较艰苦，与城里相比，可能相差一大截，但凭着自己是农民的后代和对农村教育事业的那份情、那份爱，我仍然教得津津有味。近二十年来，我从来没有离开过讲台。每当手里拿着课本，走进教室，看着那一双双期望的眼睛，我总是浑身充满力量。

我经常想：我虽然只是一位普普通通的农村教师，不可能像伟人们那样，干出一番惊天动地的大事业，但我可以用自己的青春和智慧，为自己的父老乡亲培养出人才。

然而，天有不测风云，人有旦夕祸福。命运并没有因为我的执著追求而青睐我，相反，在2000年11月7日的早上，不幸向我走来。我因走路不慎，摔倒在地。当时，我只听见左脚"呱"的一声，就站不起来了。我知道，情况肯定不妙。在丈夫的搀扶下，我使尽全身力气，却总也站不起来，只好在地上坐了一会。可是，我的脚并没有因为我短暂的歇息还我走路的方便，我仍然无法站立，更不能走路。这时，同事们都建议去医院检查。最后拍片一检查，医生说："左脚软骨摔断，不能行走，建议休息三个月。"我一听，愣了，三个月，等于是一百天。这就意味着我有一百天的时间不能上讲台了。

回到家，我依然在思考这个问题。我教的是初三毕业班，他们明年就要参加中考，耽误不得。学校是一个萝卜一个坑，英语老师本来就缺，如果自己这一百天不能上讲台，就意味着有两个班的一百多位同学一百天必须停英语课了。而且，新课还没上完，明年将怎样复习？没有充裕的时间复习，那一百多个孩子的英语考试成绩，肯定要受影响。自己是一个农家孩子，深知农家孩子上学的艰难，总不能因为自己而耽误了他们的学习前程吧？想到这些，我当时就毫不犹豫地作出了一个大胆的决定：让学生背我上讲台。

我拄着拐杖，走到校长办公室，把自己的想法跟校长谈了谈。出于对我的关心，很自然地，校长没有答应。我很失望，但没有泄气。第二天，我又把自己的想法详细地与校长谈了。不知是我对工作对事业执著追求的精神感动了他，还是出于对我的高度信任，校长竟答应了。我清楚地记得，当时，我很是激动了一阵。

从此，我就在学生们的背负下，重新拿起课本走上了讲台。

那时，正值冬天，天气寒冷。每次上课前，我总要做好准备，用破布把脚包得厚厚的，以免冻着，影响治疗效果。每当学生看到我像封建时代的女裹脚那样，把受伤处缠了又缠，包了，又包，她们总会关切地问一句：“老师，你的脚能行吗？不行，就让我们自己看书吧。”有几次，因为天气太冷的缘故，连上两节课后，脚就肿起来了，隐隐作疼，有时甚至是剧烈的疼痛，但我从来没有因为疼痛而停下，仍然坚持着把课上完。一次，学生们实在看不下去了，几个女生干脆建议我停下来休息让她们自己看书。学生们的一番心意，我领会在心，但手中的工作，却从来也没有停止过。

更让我难受的，还是脚被桌子什么碰着的时候。记得有一次，我刚上完课，一不小心，脚碰到了讲台，一阵钻心的疼痛，让我难受得额上直冒汗。当学生把我背到家里，我把那些长长短短的裹脚布去掉，一看，脚已经肿起来了，几个小时后才慢慢消去。

就这样，三个月，整整一百天的时间，我克服了许许多多健康人难以想象的困难，硬是让学生们背着上下讲台，背着进出家门，甚至背着上厕所。

在这一百天的时间里，每天至少两节课，我从来都没有因为自己个人的原因而缺过一堂课。在我的这种对事业执著追求精神的感召下，一些原先对英语学习毫无兴趣的同学，上起英语课来，也好像换了个人似的，一个个都

聚精会神地听着、记着、交流着，使我真正体验到了身教重于言教的深刻意蕴，领悟到了真正的教育需要我们每一位教师去付出，去奉献。

真是：学生背我上讲台，我渡学生上彼岸。

和孩子们共享教学参考书的日子

◇ 胡勤荣

这一天，我郑重宣布：教学参考书从今往后就是班书了，任何人都有权阅读。孩子们先是疑惑，但看看我那认真的样子，都兴奋了起来。是啊，教学参考书一直是老师的“法宝”，整天带进带出的，现在“秘密”都公开了，那还怎么上课？我理解孩子们的这种心情，我不就是在“唯教参”的思想中过了十几年吗？回想每一次课前，都把教学参考书前前后后啃了几遍，一直等到课文的主题思想、段落层次、词语解释都烂熟于胸才肯罢手。

真的正确吗？新课程改革的春风让我猛醒：也许教学上的偏差是少了，唯独偏离了方向。从此该向“一参在手，教学不愁”的日子说再见了！

清晨，我和孩子们一起大声地诵读着课文，不时地还来一两首唐诗宋词。那场景，那气氛，似乎让我触摸到了语文的真实。真实的还有那课堂，不再为“兜售”教学参考书煞费苦心，不再让简单演变成繁杂，课堂充满了几多灵性，几多激情。

师：“同学们，读了这一段后，知道表达幅员辽阔怎么写吗？”

生：“从时间和气候的变化来写。”

师：“对，还有其他方法吗？”

生：“可以用具体的数字来说明。”

生：“可以和别的国家进行比较。”

生：“可以实地走一走，体验一下。”

老师依然满脸笑容：“你们的办法可真多！那读这一段，你想怎么读？”

生：“我想大声读。”

师：“行！”

生：“我们想同桌一起读。”

师：“好啊！”

生：“我想站起来读。”

师：“可以啊！”

教室里一片读书声。每个人都读得那么专心，那么有滋有味。沉浸在浓浓的读书声里，我体会到了一种从未有过的欣慰。原来语文还可以这样教学，这是一种享受啊！我悄悄地把新课程的种子深深地埋在心底。

有教学参考书真好！孩子们说有了教学参考书，日子舒心多了，上课不再费神地猜答案，讨老师欢心了。有了教学参考书，学习轻松了，上课自信了。还有的说他们现在可以更好地自学了。

我呢，比以前更忙碌了，我得证明离开了教学参考书我还能活着呀！因而我在引领学生追寻本我的同时，还试图为他们打开另一个更为广阔的世界——走出教学参考书、教材后同样精彩的窗外。

这时，我在想，几年或者几十年以后，当我们谈起新课程，是否还能记起：教室里，一个老师和几个孩子，肩并着肩，头靠着头，一起阅读那本属于他们的教学参考书。

一杯水

◇ 赵文慧

一个春意融融的上午，天格外的蓝，阳光格外的明媚。望着案头那叠厚厚的作文本，我欣然提笔批阅，融入到孩子们的那方情境之中……

“报告！”一个响亮的声音打断了我的思绪。一位高个子学生进门就说：“老师，牛小远买了两支冰棒藏在衣服里进了教室。”我不假思索，立即说：“你让他来办公室一趟。”过了好一阵子，牛小远才耷拉着脑袋蹭进办公室，我略带愠色地说：“小远，你忘了咱们班的‘约法三章’了吗？你这不是明知故犯吗？你的东西呢？”只听牛小远说：“老师，我已经退了。”“上午怎么口渴成这个样子？”我随意问了一句。“老师，我们刚才上体育课，跑完步后觉

得很渴，于是，我就……老师，我错了。”听到这儿，我说：“在老师这儿先喝点水解解渴吧！”拿暖水瓶一看，是空的，我只好说：“你先回去上课吧！”

牛小远走后，我立即起身找水，终于在四年级办公室倒了一杯，赶紧送到教室。推门一看，大部分学生的小脸红通通的，有的额头上还渗着细密的汗珠。此时，学生见到水，真有点“久旱逢甘霖”的滋味，可是这“杯水车薪”，又能够给几个人解渴呢？我的脑海里一下子闪现出《一个苹果》的故事来，战火纷飞、硝烟弥漫的战场上，一个苹果在七八位战士中间传来传去，都舍不得多吃一点。望着孩子们焦渴的神情，我提议说：“大家每人传着喝一口，怎么样？”大家不谋而合，同意了。

于是，这一杯水在孩子们中间传递着，你一小口，我一小口，他一小口，大家都迅速地把到手的杯子传出去。此情此景，在座的孩子们很是有些触动，有的孩子眼睛湿润了。我们被一种氛围包围善，感染着。孩子们深情地望着站在他们面前的我，觉得我不再是那个“千里之遥”的“陌生人”了，取而代之的是一个倍加关爱他们的“大”朋友了。我们的心一下子拉得更近了。

直到后来，学生在毕业时还对我说：“老师，我们忘不了您给我们送的那一杯水啊。”

我一直在想，作为班主任的我，朝朝暮暮与他们相处的我，究竟做了些什么呢？仅仅是一杯水，一杯白开水……

记得有这么一句话，送给别人阳光的人，自己的手也是温暖的。

享受孩子

◇ 朱玉棣

今天一大早，迎着晨曦刚踏进校门，一群雀跃的孩子呼啦一下拥向我：“啊，朱老师，今天春游我们跟你一组。”被七八个孩子拥着抱着，我全然没有了往日的威严，完全被他们的真情和可爱融化了。说实话，教这个五（1）班的孩子已有半年多了，我还是第一次跟他们这样“亲密接触”，享受着孩子们的拥抱，幸福的暖流从心底涌起。就这样，我在这八个孩子的爱意簇拥下上了三号车——根据学校的安排，我们五（1）班的这个小组临时加入了五（3）班的行列。

车开出不久，就觉头晕乎乎的，于是我便闭目养神起来。没想到导游小姐组织的游戏轮到了我，我却浑然不知，得罚表演节目。正当我尴尬时，我们的小组长盂熹同学自告奋勇走到车厢前头唱了一首歌。不等盂熹唱完，坐在前面的黄莹、季雨晴一下围到我的身边。“啊，朱老师你也晕车的？吃点话梅吧。”平时挺腼腆的小女孩黄莹利索地掏出了包中的话梅，塞到了我嘴里。怕酸的我一下子皱起了眉，但实在是口中无味，酸一点倒也无妨。不料，心细的季雨晴一下看懂了，掏出口香糖说：“朱老师，你还是嚼嚼口香糖吧。”于是，孩子们围坐在我身边纷纷倾囊：“朱老师，你最喜欢吃什么，自己挑吧。”“谢谢你们的好意。这些都是你们的点心，我不能吃。再说，我今天没吃早饭，到时不是要把你们的东西全吃光了。”我开玩笑地说。“不怕，我们带的多着呢。”一路上，我讲述着我眼中的他们，他们细述着他们心中的老师、父母，自己的爱好，继而又是歌声不断。享受着孩子们的欢歌笑语，享受着他们的关爱，晕车的感觉没有，弥漫在心间的只是一种幸福。

进了丹桂园，伴着孩子们遛马、骑骆驼，逛动物园，过铁索桥，走梅花桩、独木桥，玩空中飞人，登塔观鸟……我俨然回到了童年，享受着童年时没享受过的快乐、幸福。

第二天，教室走廊里，出操回教室的孩子们迎面走来。“朱老师，你头晕好点了吗？”一个声音细细的、柔柔的，暖人心田。啊，是盂熹。“谢谢，谢谢你惦记着老师！”做老师的，能有学生惦记着，这不是一种最大的幸福吗？

春游，让我融进了孩子中，享受孩子，享受幸福，感觉真好！

一株小小的含羞草

◇许　丽

我的办公桌上有一株小小的含羞草，娇嫩的绿叶，纤弱而美丽。轻轻一碰，叶片就羞涩地收拢起来，过一会儿，又悄悄地张开，内敛而沉静。它是我的一位小朋友送的。

前些日子，不知道为什么，看着排得满满的课程表，就像朱自清先生说的，“心里颇不宁静”，老想发火。赏识教育开展以后，这些孩子打不得骂不得，也不稀罕你的口头表扬，于是常常无奈地看着教室里闹成一锅粥，只能把声音提高八度又八度。好不容易等到下课躲进办公室，又被此起彼伏的“嗡嗡嗡”声包围着，真让人内心烦躁，却又无处逃遁。

这不，刚刚得知这个月文明班级的小红旗丢掉了，美术老师又气嘟嘟地告诉我，有人在上课时吹口哨，追问是谁吹的，大家嬉皮笑脸的就是没人认错。是谁如此胆大妄为？一股无名火从我心头蹿起。我冲到教室，先压了压声音，讲了一些“上课要遵守课堂纪律”的道理，“请”吹口哨的小朋友去跟那位老师说声对不起。孩子们都不吱声。我又说只要承认了，我陪他一起去道歉。孩子们还是闷着头。我开始大声地数落他们，越说越气愤，越说越委屈，忘掉了我的身份，忘掉了眼前吓呆的孩子，狠狠地摔着我的书和粉笔盒，终于那股怒气压抑不住地从喉管里决堤而出：“一人做事一人当，什么时候承认了，什么时候上课!”我冲出教室，伏在办公室的桌子上，满头大汗，心扑扑地乱跳，大口地喘气，身子也在发颤。同事们都劝我消消气。

是啊，我干吗要生那么大的气呢——其实我一出教室就后悔了！什么时候我的脾气变得这么坏？这是一件多么微不足道的事情啊，只是一个孩子的偶尔小调皮，我竟然惩罚了他们所有的人，而且态度是那么粗暴。我有什么权力如此飞扬跋扈地发泄自己的怒火？我真不知道他们此时是怎么度过的，他们幼小的心灵又是怎样默默承载着我的威胁和恫吓？我后悔了，但却下不了台。偏偏下一节还是我的课，我该怎么去收场？尴尬万分的我在办公室里度日如年，一分钟，两分钟，三分钟……这时，班上同学赵桐低着头走到我身边，低声说：“许老师，对不起。”我赶紧板着脸问怎么不早点说，他直掉泪，我心里早就原谅他了。回到教室，我发现讲台已经有人打扫了，于是讲了一通“承认错误就是好孩子”的话就开始上课了。

望着安静的孩子们，我为自己没有很好地控制自己的“垃圾”情绪而愧疚。是我对不住他们呀！我在心里一遍又一遍地告诫自己遇事要冷静，要有耐心。毕竟学生还小，难免犯错。

有一天，我照例批改他们的拼音日记，却发现藏在我身上的“小”来。

赵桐在日记里写着："许老师一定以为是我惹美术老师生气了，其实不是我，真的不是我。我看见许老师被我们气走了，不给我们上课了，同学们都在焦急地等待，我想还是我来承认吧。"我拿着日记本，流了好一会儿眼泪，为这个二年级的小小男子汉。是谁吹的口哨有什么关系呢？赵桐用他的爱包容了我这个老师的任性与错误，也用他的爱教育了我。后来，我鼓起勇气，当面向他道歉。赵桐调皮地说我送你一株含羞草吧，你看看它就不会发脾气了。

于是我的桌上多了一株小小的含羞草，也多了一份深深的情意和期待。看见它，我的内心仿佛就有了荷塘月色般的宁静。

心中隐痛

◇ 周小燕

灯下，我正在静静地批改作业，忽然翻到这么一页："代玉：看到你在我面前流泪，我真的很难过。我知道你也喜欢我，不过面临高考，你怕我们相爱后学习分心。请你放心，我才不会拖你后腿呢，我还会支持你，有难同当，有福同享。我们要是能一起考上大学该多好啊！我真 Love 你，想永远和你在一起。王亮。"我心里一惊：这不是一封情书么？粗心的家伙一定忘了撕，和作业一块交上来了。

代玉是个懂事的孩子，父亲去世得早，全靠母亲摆菜摊谋生，日子过得艰难极了。可她的学习成绩在班级里却数一数二，是公认的小才女，就是有些自卑、敏感，同学给她取了个外号叫"林妹妹"。王亮是那种大错不犯小错不断的学生，成绩还过得去，体育特别好，考体院是他最大的梦想。在高二下学期这个关键时刻，两个大学苗子有了情况，我这个班主任怎么没发现呢？我小心地撕下了这张纸，到底要做什么并没多想。

又过了许多天，一个下午上课时，我发现王亮趴在桌上，便皱着眉头让他站起来，问："你昨晚干什么去了？""睡觉呀。""那今天打什么瞌睡？""没睡好呗。""为什么没睡好？""昨天晚上你并没有上课呀。"全班哄堂大笑！我是真生气了，口不择言："没睡好？怕是你病了吧？你的病我明白，病

历还在我手里呢。我会让你家长带你好好去看病的。”王亮看着我，满脸通红，赌气似的重重落座，嘴里还咕哝一句：“随你的便。”

说来也巧，这天傍晚他的母亲就到学校来给她的宝贝儿子送吃的，顺便找我了解情况。鬼使神差，我竟拿出了那张纸条，他母亲一看，就嚷开了：“代玉，不就是那个卖菜寡妇的女儿吗？哼，看着可怜老实……”话没说完，就冲出了门。我班学生正在操场上进行课外活动，王亮的母亲很容易就找到了代玉，声音又高又尖地骂开了：“你妈卖菜，你想卖人啊？小狐狸精，想勾引我儿子，不要脸！”天呀，我没想到事情会闹成这样……

小镇很小，方圆几十里又只有这么一所中学，流言像一阵风，很快从校内刮到校外，从镇头刮到镇尾，我虽然做了大量的解释和补救工作，但无济于事，代玉和王亮不久都先后离开了校园，人们也渐渐淡忘了这件事。可我怎么也忘不了，因为：代玉刚满20岁就匆匆嫁到外乡去了，听说婚后生活很不幸福，丈夫隐约知道了她学生时代的所谓风流韵事，无端怀疑她不贞，经常打骂她，不幸的婚姻很快把一个曾经灵气的女孩变成了满腹苦水的怨妇……王亮退学后整天和街上游手好闲的不良少年混在一起，一次酒后闹事，把人打成了重伤，赔了很多钱，还被判了几年刑……

是谁给他们的命运烙上了不幸的印迹？是我，是我啊！虽然我的名字总是和那些考上名牌大学的天之骄子联系在一起，这两个学生甚至已被人们从我成百上千的桃李中忽略了，可他们却是我永远的苦果。每次听见赞美“名师出高徒，周老师的学生个个争气”时，我的心就隐隐作痛，觉得对不起他们。

后来我离开了那个美丽的曾经带给了我很多荣誉的小镇，但我内心的悔恨从来没有停止过，一想起代玉和王亮，我就悔意难平！我时时警醒自己：为人之师，不可不慎，一步不慎，误人终身啊！

感悟孩子的爱

◇王　萍

时光在春来秋去中悄悄地流逝。回首在教学园地耕耘的春夏秋冬，虽未曾作出什么值得称道的业绩，但唯有爱在我与学生心中长存，就像一条涓涓不息的小河快乐地流淌。尽管他们将离我而去，但我总忘不了那张张甜蜜的笑脸。

轻轻地掀开我那本尘封了两年的相册，不经意间滑落出一个难忘的故事。

两年前，也是在这枝繁叶茂的夏天里，一批孩子即将毕业。这段日子里，我从他们的举动里读出了一种神秘感。孩子们多次追问我的生日，而我总是向他们保密，即使这样，仍然挡不住他们那份诚恳与热情。不知是哪个知情人士透露了“高级机密”，一场“蓄谋已久”的行动好像在紧锣密鼓地悄然进行。

在一次作文复习课上，我指导学生选择作文题材。班长小吟发表了她的意见，《快乐一刻》可以选择过生日作为材料写。孩子们一听立刻紧张起来，他们使劲互相使着眼色，忍不住小声互相叮咛着“别说”，也有人轻声埋怨小吟走漏风声。我见状暗自发笑，但不愿破坏他们这份美好的愿望和一次难得的协作，同时也有一份好奇，想知道他们究竟能做什么、做成什么样子。于是，我装作糊涂继续讲课，他们好像全都如释重负地松了一口气。

七月三日，为学生举行毕业典礼的那一天来临了。当简单而隆重的毕业典礼结束后，班长过来请我去教室。推开教室的门，那已不是我熟悉的教室了：教室里拉满了漂亮的闪着光的彩条，日光灯上也缠满了彩色皱纸，一打开灯，教室里平添了一份朦朦胧胧的感觉，还真有点像霓虹灯呢！玻璃窗上也贴上了漂亮的窗花，黑板上写有几个浓重色彩的大字：祝老师生日快乐！一只大蛋糕在彩色蜡烛的点缀下摆在讲台上，洁白的奶油上一个鲜红的大大的“爱”字紧紧摄住了我的心。

我还没有看完这一切，就听那朗朗的童声齐声喊道：“祝老师生日快乐！”那清脆的声音冲击着我的耳鼓，冲击着我的心。在《祝你生日快乐》的歌声中，孩子们一个接一个地给我送来了生日礼物，有鲜花、贺卡、小饰物……一份份饱含情谊的礼物令我应接不暇。在这真诚、纯洁、质朴、无邪的氛围里，我感觉自己被融化了，从未有过的热流在我全身涌动，不知不觉中，幸福的泪水一串串的滑下脸颊，落在那大大的“爱”上。孩子们的歌声什么时候停下了，静悄悄的，仿佛时间要永远停留在那一刻。我抬起头，朦胧中，那一张张笑靥如花的小脸也都泪光盈盈。

我惊呆了，那天并不是我的生日呀。原来，我曾经对孩子们说过，七月三日是我最高兴的日子。原本我是为他们那天毕业长大而高兴，不想他们却误以为是我的生日。我不忍心去说明真相，而让他们失望，就这样，默默享受着作为一位老师才能拥有的莫大的幸福与喜悦。

“谢谢同学们，这是我过的最快乐的一次生日！我从没收到过这么美的鲜花和漂亮的礼物……”我激动得语无伦次地说着，好不容易控制一下自己的感情，“啊！好了，我们分蛋糕吧！”“哦！吃蛋糕喽！”大家欢呼着，一边品尝蛋糕，一边欣赏着他们在复习考试中紧张排练出来的虽然粗糙却充满真诚的节目。

最后，班长拿出了一个彩色气球。同学们一拥而上，纷纷在球上签上了自己的名字，最后彩球送到了我的手里。我接过同学递过来的笔，庄重地在上面写上了自己的名字。此时，我感到我们师生之间有了一种我未曾体验过的融洽与和谐。这是一种美好的感受，当这种感受产生时，我们之间的关系不再是师生相对，而变成师生合一了。我的心底里涌起幸福的涟漪，居然让我说不出话来，连句感谢的话都未能说出口。

像往常一样，我把这件事详细记在我的教学日志里，也牢牢记在我心中。我至今还保存着这普通而有意义的彩色气球，闲暇时，我会把它细细地重新品尝，享受幸福与快乐，也从中汲取无尽的力量和爱，来回报我深深挚爱的孩子们。一个人，生活在奉献里也就生活在爱里。爱虽然多数时候是深藏在心中的，而一旦表达出来，竟是那样的美丽，那样的令人感动不已。我每天辛苦去做的一切，都只是我应该做的，但他们却回报我以千百倍的真情。我用一点水浇开了如此馨香的玫瑰，得到的是长流不息的爱啊。

从那天起，我有了两个生日，因为那天并不是我的生日，我的生日还要三个月才到呢。

你的眼泪，让我们一起擦

◇ 周菊芬

书包不见了

（2003 年 5 月 19 日　星期二　大到暴雨）

今天是星期一。下午，我们班同学上好劳动课回教室，张蕾发现自己的书包不见了。班级里一下子乱开了，很多同学帮她找起来，一些同学跑来告诉了我。等我到达教室时，张蕾趴在桌上正在哭泣。学生纷纷向我汇报：卫生角里没有，投影橱里没有，讲台里没有……教室里所有的课桌、角落都找过了，还是一无所获。

因为以前也有同学在这一节课后发现自己的书包不见了，最后是在厕所里发现的。所以同学们都自告奋勇冒着大雨帮她去校园里找：厕所、电化室、走廊、花圃、亭子……然而几圈下来还是没有任何发现。

这时一位同学发现她的伞在教室后面的仓库顶上。这下同学们又燃起了希望，大家猜测或许书包也被扔在教室后面的夹道里了，但是大家伸长了脖子也没有发现书包的影子。两名男同学猜测书包被扔在屋顶上，滑到校园外面的弄堂里了，于是又抱着最后的希望去找。当他们空着双手回来时，我分明看到了她和大家极度失望的神情。

我安慰她，老师会帮她想办法的，让她先回家。夜里，我辗转反侧：课前我去过班级，直到铃响才走，书包肯定不是自己班的同学藏起来的，现在要找到这个人肯定很难。最要紧的是怎样解决书包以及书的问题。怎样消除这件事给班级带来的负面影响呢？我经过深思熟虑后有了决定。

大家来动脑

（2003 年 5 月 20 日　星期三）

今天，我首先在晨会课上分析了昨天的事件，肯定了这件事不是我班的同学做的，又表扬了全班学生热情帮助同学的好行为。我对他们说：“虽然书

包不见了，但是老师看到了我们六（6）班的团结一致，看到了同学间真挚的友谊。同学们，这比什么都珍贵啊！只要我们团结一心，没有解决不了的事，现在我们再来帮张蕾想想办法。”

大家你一言我一言的说开了，有的建议扩大范围继续找；有的建议有两个书包的送一个给她；有的建议每人一元，帮她买书、买书包。

我肯定了大家的建议后，把我的想法告诉大家：书包我们一起帮她买；书呢，则由老师去向学校说明原因，争取发一套新的。

课后，我集中班队干部开了个会议，要求他们围绕这个事件开展一次主题班队活动，活动形式、内容由他们商定。

难忘的一课

（2003 年 5 月 21 日　星期四）

走进教室，首先映入眼帘的是空中飘动的五彩绸带。讲台上还放着一个粉红纸头包好的盒子，并不怎么精致，但看得出制作的人动了一番心思。上面贴了一些绢花，旁边写着“捐款箱”三个大字。

在主持人声情并茂的开场白中，活动开始了。最好笑的是一组同学表演的根据该事件改编成的小品，大家表演得特别投入，尤其是结尾：偷书包的人抓到了。这时，大伙儿群起而攻之，把“他”批得“狗血淋头”，让我忍俊不禁。

班队课接近尾声了，主持人动员大家把自己的零花钱捐出来，帮助张蕾再买一个书包。气氛热烈起来，最后统计下来，同学们一共捐了 53. 7 元。这时，主持人请张蕾谈一谈，小姑娘话还没说，眼泪就哗啦啦地流出来了。她真诚地感谢所有的同学，她说：“我体会到了电视里才见得到的真挚友谊。”主持人请我发言，我只说了一句：“张蕾，你的眼泪让我们一起擦干。”顿时，掌声响彻了整个班级。

记下你的感动

（2003 年 5 月 22 日　星期五）

当我们要去买书包时，张蕾告诉我，父母已经帮她买好了。晨会课时，她的母亲还找到我，说了许多她的心里话：原本他们是很生气的，满肚子意见，准备到校长室里闹一闹的。但同学们的真诚感动了他们，还让我一定要谢谢同学们。

第二节作文课上，我让同学们把整件事用作文的形式写下来，记下所见、所思、所为。很多学生都写得好极了，可以看出他们是真情流露：

张蕾，让我们来帮助你。雨点儿啊，请小一点儿，不要淋湿了同学；时间啊，请慢一点儿，让同学们找得更仔细些；啊，不！时间，请快一点儿，别让张蕾等急了……

我们冒着大雨，找遍了整个校园。放学后，我们几个同学去了新联新村找，可是为何寻寻觅觅，仍然不见书包的踪影？

他们两人冒着大雨去寻找，回来时衣服湿了一半，可是他们两手空空，一脸的懊恼。

我的心里既忧愁又激动，愁的是书包不见，回家肯定要挨骂了；激动的是我看到了一颗颗美丽的心灵。

网上商榷

（2003 年 5 月 23 日　星期六）

事情终于告一段落，我总算可以松一口气了。

昨天傍晚我把这件事的始末写成帖子发在了校园网上，得到了很多老师的关注。下面摘录其中的几段：

随机应变，以情动人。这就是教师的智慧。好——卧龙

受教受教，看了留言不禁自省，在我遇到相似的事情时，怎么没有想到呢？下次可以借鉴借鉴哦。——杨琴芳

红叶的做法令人佩服，由一件小事培养了学生的团队精神，班级的凝聚力得以加强，值得借鉴！——阿七

看了这么多的老师发表自己的意见，我很激动，尤其是大家都肯定了我的做法。而静下心来回想这件事的处理过程，我也是受益匪浅：班级里出了事情千万不要急躁，不要因为你的一时失控，而冤枉了同学；不要因为你的火冒三丈，而影响了所有同学的情绪；不要因为事情无法查清楚，而对班级管理心灰意冷。出了问题的确令人烦恼，但应该看到的是：处理得好，反而会推动班级前进的步伐。我们一定要因势利导，尽最大可能来调动所有同学的智慧、力量。因为一个团结的集体是无往不利的，我一直坚信着这一点。

老师，请您喝水

◇ 刘晓军

春来悄无痕，前两天还是春寒料峭，今天却骤然暖和起来，风吹在脸上，一阵阵的暖意。于是，我决定利用下午的作文课带孩子去踏青。听到这个消息，孩子们都兴奋得很，纷纷欢呼着像出笼的小鸟似的飞出教室，来到街边花园，来到青青麦田，沿途洒下一路笑声和歌声。阳光呢，好像故意逗着孩子们，让他们兴奋的同时也不知不觉洒下一路汗水。

两个多小时的踏青结束了，回到教室，孩子们满头大汗，一个个直嚷口渴。这时，饮水机上仅剩半桶纯净水，很显然，这么点儿水怎么够六十五名渴极了的孩子喝呢？于是，我赶紧下了一道命令：“每个人半杯水。”说罢，我让他们排好队，然后从饮水机上取下水桶直接倒给他们，以提高分水的速度。很快，孩子们开始喝上了渴盼已久的水，而本就满头大汗的我更是热得汗流浃背。

正忙得不亦乐乎，突然间，一个孩子大声喊起来：“李琴拿了王敏的杯子又去排队了，她刚才分的水还没喝呢！”这话不啻一枚炸弹，教室里一下子炸了锅，惊异的、谴责的……一道道目光纷纷射向队伍中的李琴。面对同学的检举揭发，李琴涨红了脸，张了张嘴，似乎想说什么，又咽了回去，脸上却丝毫没有退却的神情。这是个学习成绩很一般、性格也很内向的小女孩。说实话，我内心对她这种只顾自己、不顾别人的自私行为很是失望，本想批评一下，让她回到座位上去，但看她满脸涨得通红的样子，心中又有些不忍了。为了不伤她的自尊心，我换了种委婉的说法：“算了，李琴今天一定是渴坏了，就把我的那一份水给她喝吧。”

十几分钟后，我好不容易才给所有孩子都倒完水。还好，尽管每人分到的水很少，但总算没落下一个孩子。我慢慢直起酸痛的腰，这才发现自己也已又累又渴，只想赶快到办公室去猛喝一气。然而就在这时，我突然发现，讲台上竟然一字排开放了四只杯子，而且每只杯子里都装着满满的水。我一下子愣住了，教室里静极了，大家都望着我，一双双澄澈的眼睛在这个暖暖春日的午后，显得格外明净。

班长站了起来，大声说："刘老师，您比我们辛苦，您也快喝口水吧！"

那一瞬间，一股暖流在我胸中涌动，鼻子有点酸。要知道，这还是我做老师十多年来第一次喝上学生主动倒的水，并且，还是孩子们省下的水啊！我动情地说："谢谢你们，老师不渴，还是留着你们自己喝吧。"

向来快嘴的小强抢先说起来："刘老师千万别谢我们，要谢就谢李琴，刚才她两次去分水就是帮您分的。我们看到她把水放到您桌上之后才跟在后面做的。"

我这才注意到，在第一个杯子下面压了张纸条，是李琴工整的字迹，只见上面写着：

"刘老师，请您喝水。"

在那个瞬间，我的眼睛湿润了。

初为人师

◇ 李成林

师范大学毕业时，我压根儿就不想当老师。也许，冥冥之中命运的安排，几经坎坷，历尽磨难后，神差鬼使地来到新疆，我还是走上了讲台。

我出生在农民家庭，却在军人家庭中长大，从小受了军人的一些熏陶。当了老师后，管理学生，我也用军人的标准来要求。比如，出操，我要求学生像士兵似的站得笔挺；上课，我要求学生坐得端端正正。我自己也正儿八百一板一眼地讲课，严肃得像将军面对开小差的士兵，课堂气氛一点也不活泼，令人窒息。学生的日常行为只要有点不是，我便在班会课上严加训斥，满堂课硝烟弥漫，学生惶惶不安。直到下课铃响了，才加上我的一句口头禅"大家无论做什么事，都应该规规矩矩"来结束我的训话，然后满意地走出教室。开学几周，我班悄然无事，学习风气渐浓，一切都正正规规地，我不由得暗喜。然而，我却不知道有一股令人担忧的潜流正在无情地搅浑我快乐心情的深处，学生与我的对立情绪正悄然萌生。

一次，我在办公室训两个女学生。正训到慷慨激昂处，一女生突然问：“老师，您是在冰冷的环境中长大的吗？我好像从没见您笑过。”另一个女生接着说：“为什么您动不动就训斥我们？在我们成长的道路上，也需要鼓励和表扬。”自走上讲台以来，我第一次碰到学生敢跟我顶嘴，一股无名之火从心底往上蹿。但看到两个女生充满疑惑的眼睛，我又一时语塞，苦笑一下，装着潇洒地挥手，示意她们离开办公室。我想我当时的脸色要多难看就有多难看。

两位女生离开了，我颓然地坐在椅子上，心情非笔管所能形容。凭着我一股子工作热情，换来的就是这么两句话吗？我不由得有些悲哀。可转念想想，两位女生说的都是大实话，回首过去的几个月，我的确很少表扬学生，很少微笑，甚至学生有时想跟我聊聊天，我也是钉是钉，铆是铆的。无形之中，学生和我之间横着一条不可逾越的鸿沟，我怎么能深入了解学生呢？我是该反省反省了。

经过一段时间的思考，我改掉了津津乐道的所谓严格要求，试着表扬学生，试着微笑。在班会课上，我撤掉一个人表演的“舞台”。课后，我也拍拍学生的肩膀聊聊天，有时还不失天真地跟他们打上几回钢弹……

一天早上，我夹着讲义，微笑着走进教室。当我问完“同学们好”后，三十几个学生却唱起生日歌来，弄得我丈二金刚摸不着头脑，迷茫得手足无措。当学生们唱完生日歌，拿出早已准备好的生日卡，异口同声地说：“老师生日快乐！”我才猛然醒悟过来，今天是我的生日呢，这些小家伙不知道从哪儿打听到的。顿时，一股暖流传遍我的全身。几年的漂泊辗转，没有一份真情相伴的我，此时感动得热泪盈眶。

人非草木，孰能无情。我对我以前不当老师的想法后悔起来。我像将军检阅军队一样用庄重的目光“检阅”自己的学生，并慎重地从学生手中接过生日卡。捧在我手里的是三十几颗滚烫的心啊！此刻，我觉得我是世界上最幸福的人，因为学生的一句“生日快乐”足慰平生，纵然是在弥漫的粉笔灰中度过清贫的一生！

不要让回忆成为内疚

◇ 清风怡人

记得郭小川在《秋日谈心》中有这样一句话："但愿每次回忆，对生活都不感到内疚。"但人的生活中，总有些事是如此相似地重复着：特别是一些伤感的、内疚的、快乐的、能引起人们共鸣的……

这天，我无意间从班级门口经过，却看见教室里没有老师，学生都沮丧地坐在那里。上前询问才知道上课的教师让学生气走了，看着学生眼里的委屈、后悔、不满……我又想起了初为人师时的那一幕——

那年，我刚从无锡师范毕业，怀着对教师职业的向往，怀着一份青春的热情，19 岁的我走上了教师这个岗位。第一年，我就担任了六年级的班主任。看着和自己年龄相差无几的学生，我心里既兴奋又有些忐忑不安：该怎样做一个老师呢？做一个怎样的老师呢？

我努力着，学习着。可能因为自己的角色还没有转变过来，可能学生"调皮"的缘故，有些"不应该"发生的事还是发生了。一节"公式化"的语文课堂上，我一丝不苟地进行着我的教学，可是每次回过头在黑板上写字时，我总感觉背后的学生在悄悄搞什么花样，猛回头搞个突然袭击，又好像什么事都没发生，什么都看不到。如此反复好几次，似有被学生愚弄的感觉。但我心里却清楚地知道：一定有学生在捣乱，可能是做鬼脸，讲鬼话……引得其他同学想笑又不敢笑，只能使劲憋着。

学生是天真的，但过于天真却让老师的课堂无法继续。我有些窝火……

虽是初为人师，可我也知道：这样的课堂纪律下的教学对于学生来说，根本就是"其心不正，故听而不闻，视而不见"。高效率的课堂教学是需要良好的课堂纪律作为保证的，这样学生的有意注意才能持久一些。可现在……

我生气道："捣乱的学生给我站起来！"

可是学生却你看看我，我瞧瞧你，就是没有"英雄"敢站起来。

时间在一分一分地慢慢过去，我心里窝着的火却在迅速膨胀。

到最后，这种僵持的局面让我的窝火转化成了巨大的委屈。我那么认真上课，想把自己的所学都无私地教给学生，可是这些可爱的学生呢？他们竟如此“回报”我的好心！

那时我还不知道苏霍姆林斯基所说的“任何想把知识强加给学生的方式都是徒劳的”这句话的真正含义，我还不知道如何引导学生进入有效的课堂教学。我只知道，我的师道尊严受到了伤害，我的自尊受到了伤害。我气愤地奔出了教室，在办公室里忍不住哭了一场，整个下午我没有去和同学们见面。我觉得这些学生太不懂事，太让我生气了，其实我的心里也为自己的行动感到难为情，不太好意思去见学生。

回到家，我心里堵得慌，不知第二天该如何处理，如何面对学生。晚饭吃了一点就出去散步了，我想通过散步驱散心中的苦闷。刚出家门口，就发现一排自行车驶了过来，当时也没过分注意，可仔细一看，我不禁大吃一惊，原来都是我班的学生，竟然全部来了，会骑自行车的同学带着不会骑的，我从未看到过如此“壮观”的场面。

一下子我家里都涌不下了，邻居们都很奇怪，但又带着佩服说：“这么多学生都来看你啊！”我的脸顿时红了，不知说什么才好。于是搬凳子，倒茶，所有的一切不愉快的情绪都在这一刻释怀。此时此刻，我竟然可笑自己在课堂上的幼稚表现，那是一个教师所应该拥有的素质吗？为了一点点的委屈竟然可以丢下整个班级的学生！

当学生向我道歉时，我感觉他们变成了我的老师，羞愧之情油然而生，一切的气愤变成了内疚。看来，成长的过程不仅仅是教师帮助学生，学生不也在让我成长吗？更让我感动与羞愧的是：他们没有告知我父母我哭鼻子的事。学生都知道要保护老师的自尊啊！今天学生用自己的行动和单纯却宽广的心胸给我好好地上了一课。

夜晚睡在床上，想着这一幕，我不禁感慨万千：师不必都如生！学生是那么的聪明和善解师意！我又有什么理由不去爱他们呢？又有什么理由在孩子们面前把头抬得那么高呢？学生在成长，我不也需要成长吗？我只有一个朴素的愿望，在自己退休后，回忆往事时，不要让回忆成为内疚。

原谅是要说出来的

◇ 吴华兵

“我是一个爱激动的人，我知道这不好，所以我常常告诫自己‘有话好好说’，但我怕说着说着就控制不了自己易激动的情绪，我怕那样会伤害了大家，也伤害了自己。所以我决定把我想说的写成文字，因为书面的东西毕竟斯文些、文雅些。”

“游戏人生的人，被人生所游戏，也许他也会很痛，但他绝没有我的痛楚深，因为我是一个真诚对待人生的人，我不该被人生所游戏。但令人遗憾的是，我却被某些人‘游戏，了，而这‘某些人’竟是我最信赖的你们——我的学生。我从不在背后说别人的长短，但却避不开流矢的暗伤。”

“就在昨天，校长找我谈话了，谈话的原因是有人在‘评教表’上说我‘无辅导’、‘无作业’，这是何等的污蔑呀！早读课我没有来吗？作文我没有布置、批改过吗？基础训练我没有布置你们做吗？单元测验也有过吧？不知那些在评价表上划‘无’的人是何居心？打击我？诬陷我？如果是这样，那么我可以告诉你，你成功了。从昨天开始直到现在，我的心情一直都难以平静，也许这会成为我一生之中都无法抹去的伤害。”

当我怀着悲愤的心情飞快地在黑板上抄出我在课前几分钟里在备课纸上写下的这些文字之后，我强忍住眼中的泪水委屈地看着他们——我的学生们，一句话也不说。学生也很震惊，有的在盯着黑板看，有的在盯着我看，有的在小声议论着，更多的是用目光在班里来回搜索着。最后大家的目光都集中到了张伟强的身上，张伟强深深地低着头。难道会是他？我的心剧烈地疼痛起来，他可是我们班公认的最好的学生，也是我给予关注最多的学生呀！如果是我们班的那几个调皮鬼的恶作剧，我还能理解接受，可如果是他我就怎么也想不通了。

放学的时候谜底终于揭开了。张伟强让一位同学给我捎来了一封短信，说那几个“无”是他划的。他还说他不喜欢这种“评教”的方式，就在上面

随便划了。他还说请我原谅他。“你的随便会给我带来多么大的伤害，你知道吗?”我愤愤地把那封短信揉成纸团砸进了垃圾篓。

时间真是一剂良药。第二天上课的时候，我的怒气与委屈已经消减了很多。但这节课上我没有提问张伟强，他也没有像以往那样高擎他的手。当我的目光扫向他那一方时，他总是迅速地低下头。不仅这一节课如此，直到高三毕业时都是如此。我们再也没有过任何较深入的思想和语言交流。

真的，我不是一个爱记仇的人，何况他还是一个犯了错上帝都会原谅的年轻人，更何况他还是我的学生，他还向我道歉了呢。起初有好多次我都想提问他，但每当我看到他那深埋着的脑袋时，我都放弃了。课后有好多次我都想找他来谈谈心，但我怕弄巧成拙，给他思想上带来更大的负担，所以我也就放弃了。后来，越到后来我越觉得没有必要说什么了。事情已经过去，我也不想说什么了。而且他的总成绩依然出类拔萃，我所教的语文成绩也很好。在当年的高考中他以优异的成绩考上了北京的一所重点大学。

也就是在他考上大学的那年的元旦，我收到了他的一封信。在那封信里，他再次提起了那段尘封的往事，并再次向我道歉，希望我能原谅他。他在信的最后说：“老师，我那不负责任的行为给你造成巨大伤害的同时，也给我自己造成了巨大的伤害。我时时受着良心的谴责，自那件事发生后我都不敢再面对你，我怕遇到你冷冷的目光。老师，原谅我吧！否则，我一生都将活在愧疚之中。”

读着张伟强的来信，我的眼中再一次盈满了泪水。这一次是因为我给我的学生带来了巨大的伤害。本以为我心里原谅了就可以了，却不曾想到原谅是要说出来的；本以为他成绩很好就可以了，却不曾想到他内心的压力如此之大。我因为随便的揣测和处理事情的随便而深深地久久地伤害了他——我的学生。我曾被他的随便所伤害，而我的随便又伤害了他，这是一个多么可悲的轮回啊!

虽然我已回信说明了一切，但我愿在此再次向他表示我的歉意。同时我也希望为人师者不要再把原谅深藏在心底，而要大声地、及时地说出来，以免给你的学生造成心灵上的巨大伤害。

“你坐我车吧！我带你上学”

◇ 殷菊菊

“老师！让我来说！”“老师，我有不同的想法！”课堂上，总能看到小安高高举起的手，有时又为他与众不同的巧妙想法所佩服，真是个讨人喜爱的孩子。可课后的作业，他有时写得潦潦草草，课代表交作业时常常说：“老师，小安作业没有做好。”“老师，小安的家庭作业还没做！”有时傍晚来不及补做，让他回家完成，第二天他还是没有做。批评了他好多次，可效果总是一般，他简直是屡教不改。

一次，在骑车上班的路上，我看到小安在前面，便停下车，对小安说：“你自己走路上学吗？”他说：“妈妈上班很忙，早上要洗衣服，干家务什么的，我自己走就行了。”我心想：原来还是一个孝敬父母的好孩子。“那你坐我车吧，我带你上学。”我说。“不用了，不好意思的！”小安推辞说。“不要紧，反正顺路。”我又说。“那我不客气了！”小安坐上了车。呵呵，说话的语气有点像个小大人，这不像我印象中的他。一路上我跟他聊了好多。

那次之后，我惊喜地看到了他的一切都在转变：作业常常能及时完成，态度比以前端正多了，正确率也高了很多。

仔细想来，其实，前面教育、批评也是为他好，为什么效果不明显？而那次顺路带了他后，变化却这么大呢？或许每位学生都要采取不同的教育方式。或许以前的批评，使小安认为老师不喜欢他。当老师带他上学，虽然是件小的事情，却使他感到了老师对他的关心，老师其实是喜欢他的。

这使我更相信了这句话：“一个细微的眼神，一声轻轻的问候，一个真诚的微笑，一次轻轻的抚摸，一份小小的礼物，都能给学生带上惊喜，带上笑容，带上感动，带上幸福，带给无限的生机。”

温柔的一刀

◇ 赵健夫

那一年，我和妻一起调到了市区的一所百年名校。我在这座城市曾经度过了几年美好的大学时光，于是我很兴奋！

学校让我在一个重点班任教。就在接近放寒假的时候，这个重点班的班主任的父亲去世，请假回家奔丧，领导让我临时接替这个班的班主任工作。

这时班上一位叫袁冠南的柔弱女生引起了我的注意，说柔弱是因为她身高1．60米体重却不到40公斤，她是班上唯一一位学艺术的学生。我曾经带过一届高三艺术班，那些学生往往平时比较注重专业学习而忽略文化成绩，特别是在拿到专业合格证之后容易忘乎所以，而他们的前程也就毁于此。我就是凭着这样的“经验”找到袁冠南，对她说你如果不抓紧文化成绩的学习，就算专业过了关也是枉然。我只记得她当时似懂非懂地用茫然的眼神看着我，我竟然以为这是我“真诚”的提醒起了作用，给她指明了正确的学习方向。

第二学期开学后，学校让我正式担任这个重点班的班主任，以后的日子我特别留心袁冠南，发现她比以前更加沉默寡言，这时我还自鸣得意地认为是我的“教育”起了作用，我还是一如既往地“教导”她“要学好文化”，“文化成绩对于一个学艺术的人来说十分重要”……

四月的一天，她爸爸来到学校告诉我说，她要请假一段时间去省城看病。我知道她的身体很差，于是就对她的父母说，你们就好好地让她把病养好吧！

半个月后，她妈妈走进我的办公室，告诉我说他们打算让袁冠南停学不参加高考了。这个消息让我大吃一惊，禁不住我再三追问，她妈妈终于道出了缘由：原来她是在医院接受精神治疗，她经受不住高考的重重压力，造成了精神崩溃，如今她的体重只有33公斤！

我突然间感觉到自己的无能和内疚，也许就是我的一句看似简单却极具伤害力的话给她造成了心理的负担，我为什么就没有想到，其实能够上我们这所重点班录取分数线的同学文化成绩也不会差到哪里去！

后来我问了她的同桌同学刘艳关于袁冠南的一些情况。刘艳告诉我，其实高三以来袁冠南一直在承受着心理上的压力，因为她的学习成绩在班上比较落后，而她的性格又比较内向，不善于与同学交往，压抑的情绪日积月累，精神终于崩溃！

我为什么就没能在早些时候了解到这些情况？我怎么能用不变的眼光和方法处理变化着的人和事呢？我为什么就吝啬那么几句赞扬和鼓励的话呢？她这时候就像经历了冬日寒霜的小草，多么需要春天的阳光雨露啊，而我给她的依旧是寒风！我伤害了一颗无助时渴望帮助的脆弱的心！

我决定用我的诚意和努力来弥补我的过错，我首先写了一封深表歉意倍加鼓励的信让刘艳带给她，并代表全班同学祝她早日康复，回到教室上课。在她出院回家休养时我带上班长、学习委员、生活委员等五人，自己买了些水果去看望她。看到她的第一眼我简直不敢相信这就是初见时的袁冠南：深凹下去的眼睛、憔悴的面容、瘦骨嶙峋的身子……我的心在流泪，但我知道我不能流泪，我必须让她振作。我告诉她健康的重要，只有健康才能完成自己想做的事。这时她家的电视里正在播放大小威廉姆斯的网球冠军争夺战，我说瞧那黝黑的皮肤，健壮的身材才是真正的健康！她终于露出了淡淡的微笑。这时候她的微笑就是我的安慰！我对她说身体恢复以后就来教室上课吧！同学们欢迎你！老师欢迎你！

照全班毕业照的时候我特意打电话给她的家长让她也来，因为我知道“全家福”“一个也不能少”。她在爷爷奶奶的陪同下来到学校参加了班上的这次活动，为此我似乎看到了她崛起的希望，我赶紧告诉她希望她能够及早回到教室，参加高考！

然而她还是没有再回到这个班级。就在高考的那一天早晨我还是接到她父母打来的电话：在征求了袁冠南的意见后，为她的身体着想，他们还是决定不让她参加高考了。

尽管这一年我班的高考成绩很好，尽管我的付出得到了学校的充分肯定，尽管袁冠南的掉队有她自己的原因……但我却无法原谅自己，我毅然离开了这所曾经让我心仪的学校。

曾经有一位教师在冤枉了一个学生的作弊后，果断地选择了离开教育这一块神圣的舞台，但我知道我不能，我还没有说改行就改行的本领，我还要

靠教书来养家糊口，更重要的是我觉得教育的失误不能成为离开教育事业的借口，相反我应该把这一段经历当作教训，在以后的教育教学中做得更好。我的离开既是一种内疚也是一种追求。我知道这于我、于今后我的学生都是一件值得庆幸的事。

阳光灿烂的日子

◇张　玲

阳光普照大地，滋润着万物。万物因为有了阳光才越发生机勃勃。更何况我们面对的是一个个活生生的人呢？

每一个生命都渴望阳光的恩泽，每一个孩子都渴望老师的关注与赏识。其实我想孩子们需要的不是一次惊天动地的表扬，而是一次微笑，一个鼓励的话语，一个爱抚的动作。

班级有一名叫童童的小男孩，生性活泼好动，刚入学的时候，坐不住板凳，上课的时候不是在下面搞小动作就是一言不发。我为他的表现着急，便通过他的爸爸了解到孩子在幼儿园的时候，不太爱学习，很贪玩。我知道玩是孩子的天性，他只是还没有体会到学习的快乐。如何让他感觉到学习是快乐的呢？我想，他如果认为学习是简单的，是自己能做好的，他怎么会对学习不感兴趣呢！重要的是树立他的自信心，我相信老师的话就会像阳光一样，让他爱上、喜欢上学习的！因为我相信“亲其师，信其道”的道理。我便每天主动接近他，和他聊天。有时候为他在课堂上能回答出的一个问题鼓掌，为他的一点一滴的进步表扬他。也许是这一点一滴的行动让他快乐起来，他进步越来越快了，作业写得工整了，上课也能主动发言了。我真为他感到高兴。

那一天，正在上课，忽然教室里传来了哭声，我顺声望去，原来是童童，怎么回事呢？我走过去问他。他说因为爸爸没在家，他这个地方没学会，着急了。望着这个可爱的小男孩，我的内心涌动着莫名的情感，我最希望出现在他身上的东西出现了——上进心。我马上把他搂过来，还贴贴他的小脸，告诉他："别着急，有不会的老师给你讲，有困难老师帮你解决。"

一句安慰的话，一次拥抱，一个抚摸，竟起到了神奇的作用。虽然童童不是最出色的孩子，但他有了上进心。这是不是"阳光"在起作用？对于我们来说，一个眼神，一次微笑算不了什么，但对于孩子来说，却给他带来了无限的快乐和喜悦，这种喜悦激励了他，使他有了更大的进步。童童的爸爸在一次交流中，激动地说："童童现在觉得学习是最快乐的事。"

一缕阳光可以让万物生长，一个微笑，一句问候，一个眼神，可以温暖一颗心灵，可以燃起上进的火种。让阳光充满每一间教室，让阳光洒满世间的每一个角落。

老师的小礼物

◇ 王群丽

"妈妈，快看，我们罗老师从北京给我们带回来了两件礼物。"五年级的女儿一回家就向我摊开一块手形的橡皮，红扑扑的脸上满是兴奋。看她如此的兴奋，我不禁哑然失笑，现在的孩子什么都不缺，亲戚朋友上百元的玩具也没有如此的轰动效应，老师的礼物竟然会有如此的魅力？

女儿的一番话更让我觉得老师的用心良苦，老师说了一只手象征着团结友爱，另一只手象征着勤劳俭朴。我真的有点佩服我的这个年轻的同行了，真会抓教育的契机，这样的德育工作远比直接的说教要好得多，如果我们都善于抓教育的契机，那么效果就会大不相同了。

想起自己，有一年当班主任，一个个体户的家长不知从什么地方打听到了我家的地址，买了一些咖啡、酒作为礼物送到我的家里来，还领着她那个上初一的孩子。她的孩子非常调皮，不爱学习。我明白她的意思，可无论怎么推辞，她还是放下礼物就走了。我该怎么办？直接把礼物退回去固然方便，可是在孩子的眼里我岂不是只剩下威严？不退回去，我又如何面对自己的良心，以后还怎么面对她的孩子？以后的工作又如何开展呢？苦思冥想之后，我决定将其换算成等值的人民币，为孩子挑选了一套插图本的古典文学名著，送到孩子的家里。在我看来，这不过是一种退礼的方法。没有想到奇迹出现了，原来从不读课外书的孩子，居然捧起了书津津有味地看着，只因为书是老师送的，原来家长也买了不少书，却都被束之高阁。尝到甜头的我，后来看到他的字太随意，又送了他一本字帖，后来孩子的字写得比我还好。

其实，我们当老师的只要做一个有心人，无意之中也许可以做到无心插柳柳成荫，就可以走进学生的心灵。德育教育不一定非得在政治课和班会课上才能进行，在我们的点点滴滴的行动中也有潜移默化的功效。

孩子，我佩服你

◇ 龚永兴

做老师的最怕碰上懒学生。不知怎么搞的，别人轻松完成的作业，他永远交不齐全。我班有一个叫“帅”的同学，就有这种“习惯性懒惰”。本来课堂交作业就已经够让人头疼了，学校又规定每个孩子一周必须完成四篇日记。于是帅的日记成了我一直牵挂的事。

整整一个学期，该批评的都说到位了，该表扬的机会也一个没错过，但帅的日记依然是“三天打鱼，两天晒网”，懒惰的坏习惯没有得到根本改变。经过认真反思，我觉得问题出在自己身上。“冰冻三尺，非一日之寒。”一个人的习惯不是一朝一夕养成的，也不是轻易就能抹去的。没有足够的毅力，成人尚且改不掉吸烟的嗜好哩！对待这样的学生，应该用心体察他的感受，耐心促成他的转变。

这学期一开学，我就认真地和帅谈了一次话。我首先肯定了他上学期的努力，又告诉他老师知道战胜自我是最困难的，如果你没有足够的勇气那就算了。小家伙挺起胸膛，坚定地对我说：“老师，请相信，我能行的。”

接下来的一个星期，他每次日记都按时上交。我很平静地看了他的日记，没有进行特别的鼓励。我知道，难关在后面。

第二个星期，他交上来的日记字迹有些变样了。我在后面的点评是：孩子，你能坚持吗？也许是他看到了一双关切的眼睛在期待着他，终于又恢复到第一天的样子。还有一次，我估计他实在写不出来，就抄了一篇，我装糊涂地写道，有什么困难吗？

一个月下来，我知道到了关键时期，就专门安排了一段时间，向全班同学介绍帅的事迹。我很真诚地对帅说："祝贺你终于改掉了一个坏习惯，这是很不容易的，我敬佩你！"在同学们的掌声中，我看到帅的眼圈红了。

一直到现在，两个多月过去了，我已经忘掉了帅曾经是一个"习惯性懒惰"的学生。

也许有人会觉得，老师向孩子说"我敬佩你"是不合适。可我觉得，一旦老师真正把学生当"人"看待，我们就会发现，孩子身上有很多值得我们敬佩的地方。有时，是我们俯视的目光看不到金子的闪光；有时，是我们浮躁的心灵感觉不到童心的珍贵。更何况，教师的使命，就在于培养出值得自己敬佩的学生。从这个意义上来说，教师从来不肯说出"我敬佩你"这四个字，反映出我们骨子里"师道尊严"的遗风尚存，我们与孩子的心灵还有一层厚厚的隔膜。

居高临下的廉价"鼓励"，往往难以激起孩子做人的尊严，发自肺腑的敬佩之情，才能让孩子生出挑战自我的勇气。

第三章

因势利导

抓住契机育童心

◇李　萍

班里小龙的那股捣蛋劲曾让我这位班主任显得那样无能为力，大伤脑筋。今天聚着一群孩子去工地上扔石子，明天在美术课上玩起了赛车，把整个课堂搅得大乱。我天天找他谈心，对他进行教育，可是收效微乎其微，我一直在苦苦地寻找着一种适合他的教育方法。

说来也巧，那天我买回了“拼图1000”，回来时，在汽车上碰到了小龙，小龙看到我买的拼图很感兴趣，对我说：“李老师，我以前也买过拼图，可我拼不出来。”说者无心，听者有意。此时，一个绝妙的主意从我脑海里闪过，我便说：“那肯定很难拼的，李老师一个人也许也拼不出来。你愿意做李老师的小助手，一起合作完成这幅拼图吗?”小龙一口答应下来，并显得异常兴奋。我们将拼图分类、拼装，整整忙了大半天，一幅精美的“劈波斩浪”的帆船图出现在我们眼前。“好美呀!”小龙赞美道。“是啊！这是我们俩共同努力完成的，如果没有你的参与与帮助，李老师也许不能拼出如此漂亮的图案。小龙，谢谢你的帮助。我知道，你是个十分能干的小男孩。在学校里，你能跟老师友好合作，做个遵守纪律、好好学习的孩子，那你就会像这幅美丽的帆船图一样，每个人都会喜欢你、欣赏你。”小龙听了我的话，眨巴着眼睛，仿佛想起了我的一次次谆谆教诲，他低下了头，说：“李老师，我会听你的话，做个好孩子。”

我把我们合作的拼图带给其他同学看了，其他同学对小龙露出羡慕的眼神，小龙更神气了。从那以后，小龙似乎变成了另一个人，变得守纪了，听话了。他自觉地参与了劳动，并经常为小朋友分发牛奶，课堂上也能响亮地回答问题了。此时此刻，我会投给他一个赞许的微笑，一个鼓励的眼神，而他在各方面都表现得更棒了。如今，他已担任了劳动小组长。

教育者要善于抓住任何一次契机，与孩子共同合作，使他能感到你的真诚，赏识他们，他能看到一片光明。教育者只有放下架子，与他们共游戏，共嬉戏，才能走进他们的心田，收获他们的童心，我们的教育方能获得最大的成功。

“不速之客”演绎的精彩

◇ 王艳芳

校本课上，我和孩子们正在演唱《鲸园之恋》，我弹着高声部旋律，口里随着低声部的孩子一起演唱，注意力高度集中着。突然我听见几个孩子的尖叫声，再一看，原来飞来一个“不速之客”在“嗡嗡”地叫着。“老师，马蜂，马蜂，马蜂!”

音乐室里这下可炸锅了，任凭我弹了好几遍《安静歌》孩子们也听不见了。怎么办？我姑且来欣赏孩子们“精彩的即兴表演”吧。你看，有的探头张望，有的在互相议论，有的捂着耳朵，有的抱着头，有的蹲在地下，有一个小姑娘竟然“抱头鼠窜”冲出了音乐室，整个课堂成了一锅粥。孩子们认定的马蜂一会儿低飞一会儿高飞，引得他们一声声刺耳的尖叫。

这个破坏课堂纪律的“罪魁祸首”终于飞到玻璃窗上了，该我出手了。我拿着书狂拍，打得它翅膀上的粉末乱飞，我每打一下，孩子们就惊叫一下。终于看清了，原来就是一只大蛾呀。

“哈哈哈，原来是一只蛾，一只披着狼皮的小羊羔而已，就把你们吓成这样。”

孩子们有的抚着胸口，长长地舒了一口气：“哎呀，吓死了。”有的说：“笑得肚子疼。”

看着孩子们一个个兴奋不已，想正常进行我预先设计的课是不可能的了，孩子们的心还在这只大蛾身上呢。怎么办？我灵机一动：“孩子们，今天我们就来上节创编课，素材就是这只不速之客。”

“你想到什么，要用一首曲子来描述。谁灵感来了？不用举手就可以说。”我的话还没有说完，就有一个小姑娘抢先回答了：“老师，我觉得用惊魂未定来描述最恰当。”虽然她答非所问，但她说出了自己的感受我还是送给她一只棒棒歌。

“老师，我想用肖邦的作品来描述，因为肖邦的作品都是一会高一会低，一会密集一会疏散。”一个小姑娘连说带比划，“干脆，我为大家弹一下吧。”

小姑娘的演奏很逼真地刻画出大蛾的飞舞。听着同学们送给她的掌声和棒棒歌，小姑娘抿着小嘴回到了座位上。

“老师，我想用《牧民的一天》里的一个片段来表现刚才音乐室的慌乱。”

“我用《春节序曲》里的一个片段来表现大蛾的飞舞。”

孩子们争先恐后地表演着，弹奏着，那只被我打晕了头的大蛾也静悄悄地俯在窗棂上，似乎也在欣赏孩子们精彩的表演。

下课时孩子们还意犹未尽。虽然我精心布置的学习内容没有完成，但由“不速之客”带来的精彩却让我和孩子们收获不少。这样的创编课不可复制，这样充满了生命活力的课堂不可复制，这种创新的体会不可复制，也许这就是新课程新理念的魅力所在。师生之间你不限制我，我不控制你，你尊重我，我信任你，孩子们积极主动地观察，思考，敢想，敢问，创造的欲望才有可能被激活。教书育人变得生动而富有魅力，而我正在朝这个方向努力！

我被学生将了军

◇ 戴林东

今天的语文课堂上，我随便地问同学们：“对语文学习，你们最怕什么？”同学们异口同声地回答：“最怕背古文！”声音整齐、响亮、有气势，令我瞠目、咋舌、心发抖。座位上站起勇敢的王小雷同学：“老师，书上的古诗文你都能背得出来吗？”猝不及防的反问，令我回答声音软绵无力。下课后，我在苦笑中背着沉重的心理负担回到办公室，回到家里。

我知道，我的学生在语文学习上害怕的不仅是背古诗文，还有害怕写作文、读课外名著，以前学生们就有所反映。但从来没有像现在这一次的反映让我心灵震颤。我承认，最近一段时间，我特别关注学生文言文的背诵，因为我认定，学习文言文，不把课文背诵得滚瓜烂熟，那就等于白学！所以，我每天都要用一些时间抽查学生背诵文言文。我想让同学们在韵味十足的背诵中，去感悟那些古人独特的人文情怀和丰厚的哲学意蕴，从而领略到祖国语言丰厚的底蕴、奇妙的情趣和鲜活的表现力。于是，同学们被我压得喘不过气儿来，在“之乎者也”的咀嚼中发出苦涩的意味来。

说实在话，背诵文言文，是语文教师的一项扎实的基本功。做学子的年代，在中学里，在大学里，历史长河里的著名篇章诗词，我着实背诵了不少。大学里教我们中国古代文学的于北山老先生曾幽默地说过：“背我国古代诗文名篇，比背英语课文要受用得多。你们背的英语都是些‘今天我去逛商场，明天你去买青菜’等极俗气的句子，而背的古文则是‘明月松间照，清泉石上流’，‘不积跬步，无以致千里；不积小流，无以成江海，等美妙绝伦的不朽名言。这是‘阳春白雪’与‘下里巴人’的两种境界。何去何从，你们三思定夺！”老教授说的虽然有些偏激，但他是针对当时在早自习的宝贵时间里，我们学生大多是在攻读背诵英语而很少有人过问古代诗文的情况而发出来的感慨。他丝毫没有语种歧视的意思，只不过是提醒我们中文系学生别忘了自已的专业职责，应该加强古文背诵的基本功。于老师自己已年近花甲，但“全唐诗”他能倒背如流，先秦诸子、唐宋八大家等文章他都烂熟于心。我出于对老先生的崇敬，出于对汉语言文学专业的忠诚，起早贪黑地致力于古诗文的背诵，确实没有辜负老先生的殷切期望，几年大学生涯里，三部《中国古代文学作品选》，我篇篇都能背下来。

从教二十载，虽然兢兢业业、勤勤恳恳，一直没有中断中学语文教学工作。我凭着我深厚的功力把语文教得还不算差，学生们也还算喜欢我的课。但我知道，在教书育人的精神境界里，我一直在吃着老本。不甘落后的责任心，工匠般的应试教学，繁忙的公务，摆不脱的家庭琐事，使我无暇自觉地坚持进修，尤其是对古诗文的背诵。春花秋月，斗转星移，一晃二十来年过去，我的知识袋子开了口，越漏越显得干瘪。课本上的传统篇目，温习两遍，我还能够记忆犹新，而新编入课本的篇章，从前没有见过，我只是保持熟读的状态就去应对教学，我根本没有花时间去背诵过它们，没有勇气去“嘤嘤嗡嗡”地再做当年殷勤的学子。许多时候，面对奇光异彩的学生，我会黯然失色现出窘态。这一次，我要求学生背诵古文，学生反而将了我的军，给我渐渐麻木的思想敲响了警钟，使我心里涌起了苦辣酸甜！

教书育人，为人师表，要求学生做到的，老师首先要做到，背诵古诗文也不例外，这是毋庸置辩的道理。我本来出于好心，想让学生多背一些古诗文名篇佳作，积累一些古汉语的功力，没曾想学生的求知心理到底是个什么样的状态，更没想过自己是否说话不嫌牙疼，站着能够直起腰来。客观地想一想，我们不少教师确实把学子生涯定位在上学阶段，而工作任教以后，就认定自己是教师，就认定教师的职责只是“传道”、“授业”、“解惑”，没有从教师的职业特点、职业本质上去深层次地挖掘教师的职责内涵。

其实，教师的从教生涯是一个动态发展的流程。学生一茬又一茬，一届又一届，带有鲜明的时代特征，心理特点、情趣爱好、理想追求相差很大。教师本人对待变化的学生理所当然要更新教学内容、教学方式和教学思维。用原有的知识结构和智能基础，难以长久有效地应对鲜活的生命。因此，教师的学习生涯是终身制的，是提升式的，不仅在做学子的时候致力于学习，而且做教师以后更应该致力于学习和锻炼。何况做学子时主要是吸取知识、养成能力，是储备性的充实，而在任教过程中不仅要重视新的知识信息的及时获取，新的运作能力的不断养成，更要致力于“人学”的研究。苏霍姆林斯基说过：“教育，首先是人学。”教师必须在关注原有知识、能力巩固的同时，关注新的知识视野和能力空间，必须致力于对学生身心特点的研究，时刻关注学生的认知、情感、意志、性格等各方面的发展变化，适时调整教育教学的设计创意。所以，知识能力的“新陈代谢”，是教师职业的又一大特征。

但愿学生常学常新，教师常教常新，这样，我们的教坛才能百花常艳。

“扫把”的故事

◇ 陈丽琴

晨读课上，我发现才买几天的新扫把又变得“衣衫褴褛”，不禁深为痛惜。班费有限呀，如此下去，一个学期得买多少扫把啊？更重要的是，这反映出这帮孩子没有养成良好的劳动习惯，不懂得爱惜公共财物。我随即决定当一回“九品芝麻官”，当堂审理此“案”。

我拎出面目全非的扫把，扫视了全班一周，然后笑着说道：“小朋友，你们瞧，这扫把，本来有一头浓密整齐的头发，可现在几乎变成秃顶了。原来

有一个强健的身体，可现在几乎身首异处了，多可怜呀！”听了我的一番话，又看了在我手中晃动着的扫把，教室里“哄”的一声笑开了。我一下子收敛起笑容，问道：“是谁把它们‘害’成这样的?”“陈安颉!”“葛毛林!”“他们在扫地时一直用扫把打来打去，闹着玩!”班上马上有人响应并揭发了，毕竟“群众的眼睛是雪亮的”！这时，我看了那两个被检举的小家伙一眼，发现他们有些紧张了。我走到他们面前，他俩立刻点头承认了。其实，我心里清楚，他俩只是代表，平时有很多小朋友都喜欢这样做。

找到了“真凶”，我并不急着“结案”。而是话锋一转，问小朋友：“你们喜欢怎样的教室和校园?”“干净的!”“美丽的!”“有花有草的!”“整洁的!”答案五花八门，却都很有道理。“这样的教室和校园，要靠谁来帮忙呀?”反应快的几位小朋友立刻接口说：“扫把!”“是啊，它们虽然貌不出众，却用自己的身体，默默地为我们能有一个舒适的生活、学习环境尽心尽力，它们也是我们的朋友。那我们小朋友应该如何对待‘朋友’呢?”“不用扫把打来打去!”“不用力扫!”“不用力推!”“打扫完，把扫把慢慢地、轻轻地、整齐地放进橱子里!”“那你们俩呢?”我转头问。“我以后再也不用扫把打着玩了!”“我也不了，我会认真扫地，爱护扫把!”我见时机差不多了，便开始“结案”：“小朋友们，我们应该热爱劳动，劳动最光荣，劳动创造美。我们劳动时，就应该专心致志，不能像小猫钓鱼一样，三心二意。况且用扫把打着玩，多不安全呀！我们要爱护劳动工具，爱护班级的一桌一凳，学校的一草一木，就像爱护最心爱的玩具一样。这样，你们才是讨人喜欢的好孩子、好学生！老师相信你们都能做到，对吗?”“对!”回答声震耳欲聋。“老师同样也相信，陈安颉和葛毛林以后再也不会损坏公物了，大家原谅他俩，好吗?”“好!”回答声同样响亮有力。我发现，那两个小家伙听后也松了口气，脸上泛起了一丝天真的笑意。其实，受教育的又何止他俩啊！

好动爱玩是孩子的天性，低年级的孩子更是如此，他们天真、烂漫，做事不考虑后果，只图一时高兴。作为教师，一味地呵斥是无用的，要善于耐心引导，从生活点滴中及时抓住教育契机，从孩子身边小事入手，做一个实实在在的有心人。

有人说：生活中并不是缺少美，而是缺少发现，因为美无处不在。我想说的是：在我们的教育工作中，并不是缺少教育契机，而是要看教师能否好好抓住机会。其实，教育契机无处不存！

意外的收获

◇ 雒宏军

后天就要中考了，这是本届学生的最后一节课，按照学校的要求，主要讲一下考试的注意事项。走进教室，发现学生激动得不得了，三年的中学生活就要结束了，特别是后期这一段紧张的复习搞得教师和学生都很疲惫，今天的课堂上终于没有了那些讨人厌烦的试卷，心理终于放松了，能不激动吗？

教室的秩序有点乱，学生们东张西望，有的在偷偷地笑着什么，有的交头接耳，似乎根本没有打算认真地听最后一节课，虽然学校再三强调这节课的重要性，学生显然并不这么认同。既然是这样，那就出其不意吧。

我说："按照学校要求，这节课我要讲一下思想政治课考试的注意事项，但是前面的老师已经讲了很多，我也就不再重复了。"

学生很惊讶，一下子安静下来，有几个学生说："老师，我们就要考试了，还是讲一下吧。"

"那就告诫大家五句话吧。"总不能让学生带着遗憾上考场吧。"一是不要带过多的资料（开卷考试，允许学生带资料）；二是不要轻易地下笔，先要读懂题意；三是不要放弃任何一个题目，即使不会的题目也要大胆尝试；四是不要轻易改动前面的答案；五是相信自己的能力。"这几句话用了不到三分钟。

"老师，还有没有其他的？"

"没有了。"我说，"只要你们做好这几点就能考出你所能达到的最好的成绩。"

看到我真的不准备再讲这些问题了，学生终于罢休了。有些学生说："老师，你给我们唱首歌吧！"

这个要求我的确没有想到，看来学生今天就没打算安分守已。可是对五音不全的我来说，唱歌有点勉强，在学生面前我不能因为一首歌丢了面子，我立即想到了一个应急的办法。

我说："我们做个游戏，大家一定想听老师的故事，咱们下面就讲自己的故事，必须是真实的，大家讲一个，我就讲一个。""好啊！"教室里一片欢呼。我在黑板上写下了题目：最高兴的事，最幸运的事，最害怕的事，最危险的事，最后悔的事，最有收获的事……

张阳同学先讲了一个最危险的故事，他还说明这也是最害怕的一件事。"那一年，我和家里人去土壕挖土。有特别大的一方土，我们费了好大的劲，在左右都挖了一些缝隙，可是没有掉下来。那就歇歇吧，我和爸爸离开土壁到十多米远的地边休息。这时那一大方土掉了下来，小四轮的后轮都埋在了土里，足足有两车厢。要是人还呆在那里的话，早就没命了，现在想起来，都有些后怕。"

张阳同学刚坐下，学生们就喊叫起来，想听听老师最危险的事情是什么。于是，我讲了我的故事："那一年，我不到七岁，上小学一年级，就是这样的夏季。一天下午吹起了一阵大风，我想，村子北边那家的杏子一定落了不少，去捡点吧。"有学生笑了起来，大概为老师小时候的嘴馋而笑吧。"一看，地上的杏子果然不少，捡了一大兜。这时风更大了，还下起了暴雨，赶快回家吧，跑着向家赶去。这时一个半搂粗的树被风吹断了，倒在了我的脚下，好危险，差那么一步就会砸在身上。"

学生的热情被调动起来了，有很多学生举手要讲故事。

李文超同学讲了一件最高兴的事情，他说："有一次，我和几个同伴去县城，走在路上，发现了一条蛇。同伴们都很害怕，但是我一点都不怕，我抓住了蛇的尾巴，提了起来，蛇就不动了。我们带着蛇边走边玩，不觉到了县城，有个人问我'你的蛇卖不卖'。蛇还能卖钱，我还真没想到，那人给了我十块钱，拿走了蛇。看着无意间得到的十元钱，我高兴极了。"

"蛇可以吃老鼠，是人类的朋友，你捉蛇去卖是破坏环境的行为。"立即有学生对李文超提出了批评。

"我也是无意的，那也是上初一时的事情。"李文超显得有点委屈。

我讲了我的故事，最高兴的事情。"我最高兴的事情就是收到报社或者杂志社的来信，那就意味着又有文章发表了，过不了多久就会有稿费寄来，学校还有奖金，这是最高兴的事情。"看来老师也是唯利是图，学生的笑容中带着疑惑，我又补充道："那点稿费其实是微不足道的，最重要的是辛勤的劳动有了结果，得到了肯定。现在，记录下自己的体会和思想已经成了一种习惯，我希望大家也有这样的习惯。”

又有学生讲了最幸运的事，最感动的事，有些同学还讲了自己的小秘密，我也讲了自己的故事。那些高兴的，激动的，兴奋的，悲伤的，一个个的平凡故事第一次出现在课堂上，老师和学生相互认识了对方，原来我们都有着同样的乐趣、同样的真情。到我讲最遗憾的事情时就不是在讲故事，而是一种心声的流露：“我真的很遗憾，思想政治课每周只有两节课，除了上课以外，我们几乎没有什么沟通，有很多同学我都叫不出名字，不知道以后还有没有机会相识……”

下课铃声响了，学生们还都意犹未尽，“老师，你有没有偶像?”有学生又提问了。

“你的偶像是谁呢?”我反问道。

“我们把你当成偶像。”几个学生回答。

“你们是网民吗?”学生对这个问题感到奇怪。

“如果是网民的话，我可不愿意成为偶像，在网上，偶像是呕吐的对象的意思。”

教室里笑声一片，有种快乐的气氛弥漫开来，“老师再见”的声音比以前任何一次上课的声音都要响亮，都要整齐。

为了保持所谓的师道尊严，我们总是紧紧地包裹住自己，不愿露出一点真情，一点笑声，生怕学生看到自己的内心世界，因为这样，我们也就走不进学生的心灵，我们的课堂也就成了教和学的例行公事，我们的教育变成了说教，失去了生命的气息。重要的是我们自己失去了快乐，面对工作，每天多了份叹息，少了点笑声，多了份失落，少了些快乐。

其实，只要改变一点点，给学生一片真情，就会得到学生的真心，给学生一点快乐，我们就会收获更多的快乐，这是这节课的意外收获。

雷声掌声

◇知　音

盛夏的午后，经常是雷雨交加。今天也不例外。电光闪过，隆隆的雷声在天地间久久回荡。它和那一片掌声何其相似。

由于工作需要，学校让我放弃教了半个学期的一个班的政治而去接手另一个班的语文。我连告别也来不及，政治课就由别的老师去上了。第一次课后，原来班级有几个学生看见我，都迎上来问："老师，您今天怎么不给我们上课呀?""我以后不上你们的课了，我得多上一个班的语文，那个班的语文老师走了。"我的说明太苍白。

有一次，他们正在操场做"开城"的游戏。看见我经过，都齐声说："老师，来玩啊！"我说："不了，我还有好多事要做呢。"换了课之后，我的负担重多了，实在太忙。

之后的某一天课间，有几个学生在楼上看风景，看到我从下面经过，就议论开了："林老师是讨厌我们班了，不想教我们了。"因为距离太远，我无法过去说明，但把这事放在了心上。

又有一天，迎面遇到两个女同学，我习惯性地对她们微笑，她们也很有礼貌地和我打招呼。其中有一个指着另一个同学说："林老师，她说她好想你！""我也好想你们啊！"这可是我的真心话。

元旦到了，那一天各班都准备了文艺晚会，早早的就有学生来办公室邀请任课老师参加本班的晚会。那天，几乎我遇到的所有那个班的同学都邀请了我。我家住在校外，在吃晚饭时，又有几个同学特意来到我家，叮嘱道："林老师，您一定要来哦！"我应道："好的，我一定去！"等到我收拾好家里事务去到学校，各班的活动都已经开得热火朝天了。我在各处转了一圈，然后来到那个班。我的到来，立即引起了在场老师和同学的注意。他们停下正在进行的活动，说到："林老师来了！请林老师为我们表演节目！"我走到场中，异常激动地说道："各位同学，我想借这次机会先说几句话。和大家相处了这一年多，感觉非常愉快，现在没上你们的课了，这是学校的安排，因为工作的需要。我希望下学期还能回到这个班来教课！""噢！好！"我的话还没说完，同学们一齐欢呼，一齐鼓掌。这呼声掌声真令人情绪激昂！

终于到了下个学期，事有凑巧，学校真有了一位能教语文的老师。

我又拿起政治教材，迈步走向我曾经许诺的那个班。才到门口，"哇！"啪！啪！啪！震耳欲聋的欢呼声和掌声同时响起！我和学生们一样欣喜若狂："同学们！我又打回来了！让我们一起努力来打一场学习的胜仗吧！上课！"

“起立！”“老师好！”

为师如此，夫复何求！

掌声停止了，而它引起的回声却像这盛夏的雷声一样久久不息，激起满怀幸福的波涛，也激励着我去努力耕耘，来回报这莫大的荣耀。

不要吝啬我们的赞美

◇ 罗克斌

我上了一节自以为很成功的课，心里颇为得意。下课后，我来到学生中间，想听听他们的赞扬。

“老师，洞庭湖涨水了，我们可以去看吗？”

“老师，我的脚疼，不去做课间操好吗？”

“老师，昨天有一个同学没值日！”

没有一个学生谈及刚上过的这节课，我心里禁不住有些失望，学生怎么就不明白我的心思呢？事后想起来，又觉得有些好笑，站了十多年讲台，也得过不少的荣誉，竟还有这样的虚荣心。

转念之间，我忽然想到，学生是否也有这样的失望呢？当学生取得了成绩，有了一些进步时，我是否都意识到并及时给予表扬了呢？

我摇了摇头，自己好像很少表扬学生，总是恨铁不成钢，希望学生能变得聪明、乖巧、可爱……可我总是失望。我眼里看到的多是学生的缺点，嘴里说的多是对学生的指责，对于学生的进步，我却很少看到。学生的心里该是怎样的失望啊！

其实，只要用心去发现，学生们都很可爱。你看，调皮的小松星期天气喘吁吁地跑到学校，只为让你品尝他家树上最大的桃子；胆小的婷婷，在车上遇见你，也会羞涩地向你问好；家里遭遇不幸的小梅，在老师的关怀下重新焕发出朝气；倔强的小强在和你顶嘴以后，很快又会来和你“套近乎”……

因为一直高高在上，缺少对美的发现，所以，我们的赞美显得那样的吝啬。殊不知，在学生成长的道路上，知识的传授固然少不了，但更重要的是，老师要不断地激励他们，赞美他们，使他们满怀信心地走向美好的未来。

老师，请不要吝啬我们的赞美，哪怕是对学生最细微的进步。

篮球比赛风波

◇余 勇

篮球比赛风波是我所未料及的。

半期考试后，初三年级组织了篮球比赛。8个班分两个小组进行，小组出线的班级再进行半决赛和决赛。我们（3）班肯定能打赢（4）班，并且闯入半决赛，大家都这么认为。确实，我们（3）班的实力要强些。对此，我和班上的同学也充满信心，只要赢了这场球就出线。当然，输了，就没机会了。可结果却出人意料，终场哨声响起时，我们班输了一个球。

大家都愣住了，我当时也很失望。班上同学一个个耷拉着脑袋，一脸沮丧。让他们自己去承受这场失败吧，受点挫折也好。我没有安慰他们，一个人回到了办公室。

吃了晚饭，18：30了，我习惯地到教室走走。怎么只有稀稀拉拉的几个人？我心里一愣，以往这会儿教室里已坐满了人。

“余老师，你到寝室里去看看吧，女生们大部分在寝室里，她们不来上自习，还有一些男同学也在自己的寝室里。”一个学生向我走过来。

“气得这么厉害？一场球赛就这样，太严重了吧？”我心里暗想，“太经不起打击了！还是去看看吧。”我颇不在意地来到寝室。

二十多个女生挤在窄小的寝室里，一个个满脸怨气，默不作声。

“怎么啦？输一场球就成这样子了？”

“我们不服的是裁判的不公！”

“（4）班的同学犯规了，裁判却不吹哨。”

有几个女同学已带着哭腔，开始抽泣，而且越说越激动。原来是这回事。其实比赛并不像学生说的那样。整个比赛我都在场，裁判还是很公正的，可能学生对篮球比赛规则知道不多，也可能他们以讹传讹，并没有搞清事情的真相。寝室里的唏嘘声音越来越大，同学们的话语也越来越多。谈到了班级的其他方面，谈到学习的委屈，谈到其他班对我们班的评语，就像积蓄很久的火山终于爆发一般。怎么办？解释一下。不，现在不能。学生的情绪正强烈，现在解释只会火上浇油，增强他们的抵触情绪，我今后的工作就难开展了。看着那张张激动的脸庞，听着那带着哭腔的话语，我心里默念道：说吧，同学们，尽情地说吧，尽情地倾诉吧。说出来会好受些的。两个多月的初三生活也使你们沉默、疲惫、苦不堪言，甚至麻木。我不希望你们的心如死水一般，只知在书本和作业之间奔波，对周围的事物熟视无睹。

寝室里又是一阵沉默。怎么办？不能这样耗下去啊。先让他们回教室，等情绪稍微稳定后再处理吧。

“同学们，我为你们的言行感到欣慰，这说明你们热爱集体，热爱我们班级。输了球，我跟你们一样难受啊！但我们不能这样呆在寝室里不上课，我们越是这样，别人越是瞧不起我们，他们会耻笑我们只会躲在屋子里哭鼻子。这时，我们需要的是坚强，需要的是做得更好。先回教室自习吧。第二节自习课我到班上，大家一起谈谈！”我把二十几个女生劝回了教室，接着，用同样的方法劝回了男生寝室里的同学。后来我才知道，他们原准备罢课，不上晚自习的。

该怎么讲，怎样引导学生。我在另一个班上参加晚自习时，脑子里一直思考这个问题。跟学生讲比赛规则吧，可我对篮球规则也不是很清楚，我的话有说服力吗？我们班的体育老师也在场，他是计时裁判，对比赛更清楚。还是等明天体育老师来解释吧。但今天不能不讲啊，学生的情绪不控制下来，万一出什么事怎么办？我又许诺要到班上讲讲，我脑子里一团糟。

下课铃响了，我还是没想出好办法来。随机应变吧，看看学生的情绪再说，我自我安慰着，神色凝重地来到教室。怎么又是几个人？天色已经黑了，同学们都跑到哪儿去了？山顶操场！我脑里突然闪现这几个字眼。一问，果然是。我们学校依山而建，山顶操场海拔最高，下面是悬崖，悬崖下面是公路和河流。山顶操场没有灯，晚自习期间是禁止学生到上面玩的。我真担心这群冲动的少年们会做出什么意想不到的事情，赶紧奔向山顶操场。

夜晚的操场显得格外静谧和宽敞。情况没有我想像的那么糟，我舒了口气，放慢了脚步。夜色朦胧，只看见三五成群的人影：有的散步，有的伫立，有的站在悬崖边，凭栏远眺。没有人发现我的到来，我在月色的掩映下，很随意地走进学生。

“（3）班，雄——起——”

“（3）班，你是最棒的！”

“哎——”

几个同学靠着栏杆，对着远处灯火辉煌的县城，大声地呐喊，跟寝室里的沮丧情景判若两人，这声音在空旷的操场上显得格外悦耳。我的心为之一振，沉重的心情似乎也放松了许多。几个同学注意到了我的到来，但都没有说话，我也没有说话。说什么呢？怎么说呢？此时无声胜有声啊！

“一起喊！我起头。”我没有要求学生马上回教室。

学生愣了一下，随即叫了一声：“好。”

“（3）——班——”“雄——起——”“（3）——班——”“雄——起——”

声音响彻云霄，那么忘情，那么雄壮，那么醉人。那时，我醉了。真的，我完全沉醉其中了。我不知是我感染了学生，还是学生感染了我。

随后，在第二节自习课上我说道：“同学们，老师先要感谢你们。真的，这不是虚假之言。今天，我的心情也很糟。上节课，我一直在想该怎样给你们讲，但想了一节课还是没有想出头绪来。到山顶操场听到你们的呐喊，我感受到了同学们火一样的热情，雪一样的赤诚，松一样的坚毅。你们的激情在熊熊燃烧，烧去了我的不快，烧去了我的郁闷，烧去了我的低沉……”我越说越激动。学生显然被我的话语感动了，个个都那么专注，那么虔诚。

第二天，学生的情绪好多了，但大家的心思还在这场球赛上。我请体育老师到班上讲了比赛规则并且分析了我们输球的原因，回答了同学们的一些疑问。大家沉默了，都在回味着体育老师的话。

一场篮球风波终于过去了。

一堂以尴尬为主题的课

◇ 仲达明

晚自习第二节上课铃刚响过，我还在去教室的路上，广播里面传出了政教处葛主任的声音：“请以下班级的班主任立即到政教处来，把本班迟到的学生领回去。初一（1）班，初一（4）班……”

政教处葛主任说干就干，昨晚在校会上说要加强常规管理的，其中就有治理学生迟到现象这一问题，没想到今天班会之后就动手了。我想到刚才第一节课刚开过班会，并强调不能迟到这一条，心想反正不会有我们班的，便坦然地继续向教室走去。

“高三（5）班!”

就在我正要进教室的时候，我听到了我们班的名字，心中一惊，接着便怀疑，该不会听错吧。进教室，大家都用一种怪怪的眼神望着我，我知道答案了，放下书本，看一下教室，确实多了三个“萝卜坑”。

我从政教处领回那三个比较散漫的同学，我们一路无话。他们三人无精打采的，低着头跟在我的身后。一进教室，我让他们三人站在门边上。我站在讲桌前，心情有些激动。下面的同学，都望着我，不知道我会怎么处理这三位败坏“文明班级”形象的同学。我思索着，半晌才说话。

“大家能知道我现在的心情吗?”

“气愤、难过、失望、痛苦……”下面一些比较活跃的学生说出了一些形容词。

我转过脸，对他们三人说：“你们说呢?”

三人看我没有开玩笑的意思，便有些难过似的用刚才大家说出的词来形容我的心情。

我说：“你们都没说准确，我十分尴尬。”

教室里十分安静，顿了顿我又说：“上节班会课刚刚强调，你们现在就迟到。你们说，我这个‘文明班级’的班主任，去领你们，还怎么对得起后面红旗上的这四个字。”

“你们三人每人拿一支粉笔，”我转过脸对他们三人说，“你们面对黑板，我让你们写两个字。”

看他们准备好以后，我说；“请你们三人写出‘尴尬，两个字。”

三个人举在半空中的手又无力地垂了下来，你望望我，我望望你，不知所措。

“如果不会，就下来查字典，然后再上去写。”我对他们说。

结果三人都在查字典后，又上黑板写出“尴尬”两个字，写得比平时认真多了。写好后，三个人看着我，等待我下面的处罚。我说："回去吧。"

三个人犹豫片刻，看我没有开玩笑的意思，才将信将疑地回到座位。下面的五十多双眼睛，也吃惊地瞪着我。

"自习吧。"我努力平静地说。

教室里立刻安静了下来，我仿佛听到自己的心跳声，也听到同学们内心波涛澎湃的声音。但从此以后，"文明班级"便再也没有了迟到现象。

篮球改变了他

◇怀　宁

我校高三（7）班曹翼因篮球水平突出被某高校提前录取！刚刚得到的这个好消息让我从心里感到高兴，是篮球改变了他的一切！

记得当年新生报到时，我一眼就看到了坐在教室最后排那个头发老长，上身穿着印有芝加哥公牛队字样的红背心，下身是肥大的牛仔裤的曹翼。我心中一惊：这一定是一个行为习惯很不好、难管理的学生！但我并没有立刻表现出来，我查了一下他的入学成绩，只有527分，排在最后一位，是一位择校生。

果然不出我的意料，下午才开始的军训他就让教官吃尽了苦头：站没有站相，坐没有坐相，一会儿要喝水，一会儿要上厕所……我决定将曹翼的这些不良习惯在军训期间彻底解决，否则到了正式开学那可不好办。

首先我请曹翼的爸爸来到了学校——这可是我当教师以来第一次在开学第一天就与家长取得联系。还好，家长不仅没有对我有什么看法，反而十分感激。曹翼的爸爸说这足以说明老师对他孩子的关心，也足以证明我们学校的办学宗旨：一切为了学生，为了学生的一切，为了一切学生！从家长那儿得知，曹翼一直没有较好的行为习惯，到了初中甚至有了厌学情绪，一天到晚只知道打篮球，不管家长是打是骂都没有作用，就这样中考只考了527分。但为了孩子将来能有一个好前途，他们还是花了不少钱选择了我们学校。

送走了曹翼的爸爸，我一下子就想到了解决问题的突破口。曹翼不是非常喜欢篮球吗？从他的穿着，从他爸爸的介绍那儿就非常清楚了，我决心用篮球在我与他中间架起一座沟通的桥梁。

晚上是由部队教官组织的学生自我介绍，我是班主任当然应该参加。自我介绍是按照学号依次进行的，曹翼理所当然是最后一个。曹翼说："同学们好，老师好！我很高兴能成为我们高一（2）班的一员，我成绩很差，但我身体棒，篮球打得不错!"话音未落，全班就响起了一阵笑声，我知道同学们都被曹翼的发言逗乐了，但这里面明显也夹杂着一些讥笑和看不起。待同学们停止了笑声，我走上了讲台，扫视了全班一眼，说："同学们，听了全班同学的自我介绍，我真的为大家高兴，也为我能成为你们的班主任而倍感荣幸，因为我们班级可以说是人才济济。你们中间有学科竞赛的学习尖子，有能歌善舞的'艺术家'，有足球篮球健将……我相信我们班级一定会成为一个十分优秀的班级。现在我有一个提议，因为军训期间有全年级篮球赛，我决定首先在我们班级成立一个篮球队，队长就是曹翼，请大家举手表决。"同学们全都举起手来。"好，决议通过。曹翼的篮球打得的确不错，我已经从他的爸爸那儿得到了准确的信息。希望大家支持曹翼的工作，也希望曹翼能胜任自己的职务。"曹翼的脸上露出了兴奋的笑容。

军训照样在继续进行，但曹翼却再也没有开过小差。军训期间全校新生共十五个班级搞了一次篮球赛，我们班级在曹翼的带领下取得了第二名的好成绩。

就在军训结束送走教官的那天晚上，我又找到了曹翼。我说："曹翼，我首先祝贺你能获得军训积极分子的荣誉称号，这是对你在训练期间所作贡献的肯定，我已经看到了一个积极向上、吃苦肯干而且很有组织能力的曹翼。但即将正式开学了，我更希望你能在学习上加把劲，成为一个各方面都有进步的学生。"曹翼非常感激地点点头。我趁热打铁，与曹翼约法三章，要求他每天能认真听课，认真完成作业，要求他每一次测验都必须有进步，否则终止他的队长职务，直到下一次有了进步为止。尽管在具体的施行过程中也遇到了一些不太顺利的情况，但就这样曹翼逐渐改掉了以前的不良习惯，认真学习，到第一学期期末考试时他基本上各科成绩都能达到班级平均分了。

高二分班，曹翼选了"生化"，去了七班，但我总能及时得到他进步的消息。今天的消息更让我高兴了，衷心希望曹翼一路走好。有一位教育家说过，"要用心灵去塑造心灵"。要改变一个学生不能靠简单的高压政策，我们应该将爱渗透到对学生的了解中去，因势利导，在交融中帮助他们认识自我，改进自我，完善自我。

第四章
教育反思

一份迟到的内疚

◇ 宋晓丹

一直以来，从事特教工作的我总觉得自己已经把满腔的热情献给了我的学生——一群虽有生理残疾但同样渴望求知、渴望美好生活的聋哑孩子们。我不敢自诩自己有多伟大，但我觉得自己努力了，因为孩子们回报给我的那份爱让我觉得很欣慰。

直到有一天，我的这种美好的感觉被打破了。那是二月份的一天，我乘公共汽车去上班，车上人很多，我忽然看见有一只手悄悄向我前面的女乘客的衣兜伸去。我心想：不好！这一定是个小偷！一定要想办法通知那位女乘客。于是，我随着车的惯性向那位女乘客使劲挤了一下。她回头看了我一眼，以为是车上人太多，我不小心撞到了她，并没说什么，只是把身体向旁边侧了侧，小偷没得逞。当我再一次抬头时迎上的是愤怒的目光，一刹那，我们却都愣住了，这不是我两年前教过的学生王刚嘛！当他挤开人群下车时，我却还愣在那里，恍然间好像又回到了两年前。

两年前我刚接手一个学校出名的“乱”班，班上男生多，他们又都很顽皮，这让教过他们的老师都大伤脑筋。但我还是充满信心地接下了这个班，因为我相信，我会用我的真情和爱来感化这些孩子。

有一天，班上的李强同学向我报告说他的三十元钱不见了，怀疑是同学王刚偷去了，我问他有什么证据，他说刘朋可以作证，我马上叫来刘朋，刘朋说他亲眼看见王刚从李强放在床上的衣服里掏出三十元钱，然后放在了自己的被褥下面。我一听，觉得事情很严重，我叫上他俩马上去宿舍“起赃”。结果和他们说的一样，钱就放在王刚的被褥下面。我马上让学生把王刚叫到办公室，王刚问我叫他什么事，我一脸怒气地说：“你是不是偷了李强的钱？”王刚说：“老师，我真的没偷他的钱，你要相信我！”在气头上的我让他解释钱为什么会放在他的被褥下面。他不再说什么了，只是一脸无辜地看着我。我做出的决定是让王刚停学一周反省，回来后写一份检讨书，王刚一步一回头地离开了学校。当时的我还自认为自己在这件事上做得很到位，却根本没有想到这深深刺痛了一个孩子的自尊心。一星期后王刚没有如期来上学，我给王刚的姑姑打去电话（王刚寄住在他姑姑家），她说王刚不想上学了，他想学点技术。我想也好，反正王刚已经是18岁的大小伙子了，应该学点以后得以维持生活的技术了。慢慢地我已淡忘了这件事，直到又有一次，李强又称自己的钱丢了，而且又有人来作证，说得有板有眼，我才发觉事情不会这么简单。经过认真细致的调查，结果让我十分意外：这竟是李强惯用的“伎俩”，他想成为学生中的“头”，让所有人都听他的，就逐步扫除不服从他的同学。这时我才恍然大悟：我错怪王刚了！可当我想去找王刚说清楚这件事时，却发现王刚姑姑已经搬家了，我心里不由得一阵内疚。

但是最让我想不到的是：王刚竟然真的让我“误导”了，他真的做了小偷。我当时真应该多调查一下，不该只听一面之词，如果不是我的武断行事，他也不会离开学校，更不会变成今天这样。此时我才深深地体会到尊重信任在一个孩子成长中的重要性。

回首过去，我只会内疚，也正是这份内疚让我懂得了教育的真谛。“悟以往之不谏，知来者之可追。”展望未来，我知道我还有很长的路要走！

两个“调皮鬼”带来的惊喜

◇ 薛世新

《捞铁牛》公开课前，为了防止意外，实现预定的教学目标，我一再提醒学生，在课堂上一定要遵守纪律、积极思考，配合老师共同完成教学任务。学生见教师这样谨小慎微，发誓专心听讲，保持课堂安静。

开始上课了，我简单地与同学们交流后，兴高采烈地出示教学挂图，抑扬顿挫地说：“请认真看图，根据你观察所得，说一说怀丙和尚捞铁牛时的情景。”一会儿，一只只充满自信的小手举了起来。有的说看到人们吹着唢呐敲着锣鼓，就知道场面很热闹，很壮观；还有的说看到有人运沙子，有人拉铁牛，就知道人们很繁忙，铁牛被捞上来后又很高兴……就在同学们议论纷纷，尽心尽力地配合老师时，教室里响起了“嘿嘿嘿”的笑声，“还有一条小黄狗呢”。虽然声音不高，但很清晰。我一听到这句与课文“无关”的话，心里非常生气，几乎用一种愤恨的目光看着这个“调皮鬼”，但转念一想：这也是他的观察所得，为何不让他说一说自己的想法呢？他站起来不紧不慢地说，看到图上画着小孩和小黄狗，他猜想，当时的捞铁牛不亚于今天的火箭发射，是一件重大的事情，肯定非常重视。人们都相互转告，做到了家喻户晓，所以连小孩、小黄狗都赶来看热闹了。他让我喜出望外，这是我始料未及的，听课者也露出了会心的微笑。

当学生从文本中了解到怀丙和尚指挥人们打捞铁牛的具体过程后，我把学生分成四个小组，让他们按照和尚所说的步骤，亲自动手演示，体会方法的科学和巧妙。为了让学生能观察到水中铁牛的细微变化，我要求同学们做实验时，不要把沙子铲到水里。话音刚落，另一个“调皮鬼”就跟我过不去似的把沙子放到了水中。我只好忍气吞声，让他们继续做下去。实验结束后，同学们心悦诚服地竖起大拇指大加赞赏时，那个“调皮鬼”出乎意料地站起来大声说：“老师，怀丙和尚的方法确实很好，但我认为有一个环节做得不当。他不应该叫人把船上的沙子都铲到黄河里去，这样做最起码有两点错误：第一，八只铁牛被捞上来后，那么黄河河底就会堆积大量沙子，不能保证黄河的水流畅通，是对母亲河的破坏；第二，第一只铁牛捞起来后，接着捞第二只铁牛，就又得派人派船去别处装运沙子，这样就浪费了很多的时间和人力。我觉得和尚应该准备一些小木船，把沙子铲到小木船上，捞第二只铁牛时，再让人把小船里的沙子往大船里装。如此循环不是更好吗?”呀，这位“调皮鬼”考虑得多周到呀，他的精彩发言博得听课老师的阵阵掌声。

课后，我静下心来想一想，如果不转变观念，不把学生当作学习的主体，不注意学生的自主意识，不能与学生平等对话，不让学生亲身体验，主动探究，能有如此的轰动效应吗？而这不正是新课标所倡导的新理念吗？

不敢为师

◇ 黄永君

“许校长，我听说咱们学校保送上一中的那个推荐名额，给了副校长的儿子刘文华了，是不是？我认为学校这样做不公平！”

“啊，童小平呀，你先坐。”许校长破天荒地给这个初三毕业班的学生倒了杯水。一所不大的初中学校的校长还能不清楚毕业班的那几棵苗吗？童小平这孩子可是个德智体全面发展的好学生，就是家里穷了点儿，父亲体弱多病，家里孩子又多。

“你说的这件事，咱们学校还是在认真看了同学们的申请，以及向各班班主任调查了解的基础上，参考了你们这些申请学生的平时成绩，本着公开、公正、公平的原则选拔，并在学校校委会上讨论通过了的。

“许校长，您说的这几项，我想跟刘文华比比，行不行？您要是能说出理由来，我就心服口服。”

“你看你这孩子，对我这个校长不信任，总得相信校委会的决定吧！你呢，学习挺好，考上一中不成问题。再说，听说你俩以前还是好朋友。”

“不，许校长，我不清楚校委会是个什么组织，我也不懂，您说刘文华什么地方比我强吧，他要是比我强，我二话不说，我自认自己素质低。”

“小平呢，你看你学习一直都很不错，在班里数一数二的，校级的‘三好学生’得过不少，去年，学校还给你推荐了县级‘三好学生’。但在班级管理方面，班主任老师反映你劳动不是很积极。再说了，刘文华也不是一点优点也没有，他去年代表学校参加英语竞赛，还得了个省级三等奖。”

“许校长，刘文华英语好，我提个建议，不知行不行？”

“你说。”

“我就跟他比英语，让我们英语老师出一份卷子，我跟他同时考，谁考得好，谁上，行不行？”

“这样吧，你今天先回去，我跟几个领导碰碰面，怎么处理再通知你，一定让你满意。”

“校长，不是‘满意’，而是‘心服口服’！”

当然，这件事情通知我这个英语教师是必然的。

刘副校长单独和我这个英语老师谈话了，还特意引用了校长的原话：“这是比较敏感的问题，你看这个童小平直接找过来了，而且我还收到了初三毕业班对这件事的联名信。这事弄得我也挺不好办，我建议……”

刘副校长那天的话真可谓推心置腹而且语重心长……临走时，千叮咛，万嘱咐，一定要做得滴水不漏。“文华那孩子很自信，也很傲气，有时做事让人意想不到。”这好像是副校长的最后一句话。

一次考试只考两个学生，这对于我来说至今还是第一次，不知道是不是绝后，反正是空前的。但仅此一回，就够我铭记一辈子了。

考试时，两个学生很紧张，我也很紧张，因为在这一科上他俩确实难分彼此，但今天非要分出彼此，而且还要向着其中一方倾斜。什么事难住过咱这个老油条了？刘文华这孩子是聪明的。考试时，我默不作声地用手指轻轻地在刘文华的卷子上点了点其中的两道选择题，他心领神会，都马上做出了改正。我会心地笑了笑。而这一切，童小平也许一辈子都不会知道。

卷子判完了，童小平以一分之差落败，这个穷小子再也无话可说了。

接下来的日子，刘文华过得太舒服了，几乎是当起了各科老师的“秘书”，帮忙判卷子、登分、判作业、打热水、擦桌子等等，就等着轻轻松松上一中了。

刘副校长当然对我表示感谢，这是人之常情，也是理所应当的。好像人们在言语不足以表达感谢的时候，还要买点东西作为礼品，不“笑纳”是不对的。常来常往，礼尚往来，上班的人不学会这一套哪行？

一周过去了，眼看着只要刘文华的材料一上报，就是铁板钉钉的事了。

直到有一天刘副校长慌慌张张地到我办公室找我，我才知道出大问题了。原来刘文华不知道看了一本什么“狗屁”名著，突然良心发现，拉着童小平，愣是到校长跟前把那点丑事全给抖了出去，还说一定要让童小平上一中。童小平也大受感动，两个不识趣的东西还抱头痛哭。据说校长也挺激动，流下了热泪。

刘文华对他的所作所为最终是付出了代价，他又补习了一年，还交了四千多块钱，才勉强上了一中。但他说，这样做心安理得。

不知道刘副校长咋样，反正我那几天连自己的手往哪儿放都不知道，成天坐立不安，魂不守舍的。“这是整的哪一出啊，谁教育谁呀？”

有好一段时间，孩子们喊我“老师”时，我心里头怯怯的——“老师”，我敢称为师吗？

老师，你真的不在乎考分？

◇ 李锡琴

学校按新生入学时的分数就为各班划定了三年后重本的升学人数，政府有关部门也为学校划定了三年后升入清华、北大的人数。教“清北班”（即对有望考入清华、北大的学生开设的特教班）的老师，除有特别奖金外，在评优晋级等方面都有优待。每次联考，承受分数压力的何止是学生？每个学生的名次从班级排名到年级排名，高三的联考还会有省级排名，教师所任班级也要从校内排名到市级排名到省级排名。成绩（准确地说是考分）分析会往往就是领导向教师“发糖果”与“施笞刑”同堂进行的仪式。至于学生，教师找其谈话最多的内容是分数的升降问题，家长与老师联系时谈得最多的是孩子的分数进与退的问题，学生与学生进行竞争的几乎全是考分的高低。没有优异的考分，即使再穷困，也拿不到困难补助金，为确保考上清华北大的任务能顺利完成，可以享受加分待遇的省级优秀专门评给“清北班”中在录取线坎上坎下的学生，为其加上保险。没有优异的考分，学生不是好学生，教师不是好教师，学校也不是好学校……

每年的高考，都牵动社会各界。单看在考试那几天，一切大小会议几乎都停止了，各大新闻媒体也都围绕高考做文章。有噪音的工地夜间停止施工，娱乐场所夜间也停止营业，以确保考生能有最安静的环境休息等，你就可见一斑。

其实，不用我详细述说，自从1977年恢复高考制度以来，高考现状二十多年一贯如此，应该是大家见惯不惊的事实，高考就是这样牵扯着全国上下各阶层各领域的人们的神经，是非驳过，究竟如何评说？

曾有一位老师将所教班级在今年高考中取得的优异成绩在“教育在线”论坛上向网友们报喜，此事引发了一场激烈的讨论。有对这位老师表祝贺的，有不屑一顾的，也有反感的。恕我直言，从众多的跟帖中，我看出了祝贺者的真诚，不屑者和反感者的虚伪。即如我，只要学生考出了好分数，我会在第一时间与学生分享，与家人分享，与朋友分享。只要是在教学第一线的教师，我敢说，没有哪位不曾承受过考分的压力，没有哪位不在乎学生考分的升或降，没有哪位不曾为考分而喜过或忧过。除非不在教学第一线，分数对他们才可能没有直接的利害关系。

可能有人会反驳：不是所有的教师都功利地用利害关系来衡量自己的教育教学行为，有不少教师是以学生的终生发展，以全中华民族文化素质的整体提高为己任的，重分数无疑是应试教育的现实体现。是的，我也知道，中国教育的根本出路不在于应试教育，中国教育需要来一个大的变革。然而，就算是每一位教师都把学生的终生发展放在首位，把民族素质的提高放在首位，鄙弃鼠目寸光的单纯追逐考分的做法，可是，家长以什么来评价教师呢？考分！社会各界人士用什么来评价学校呢？升学率！一所学校要能招贤纳士，靠什么？奖金！奖金从何来？招收的择校生多且价高，学生何以选择价高的学校？升学率高！这是一个世人皆知而多么有趣的循环定律！

记得“教育在线”一网友发过一帖，标题叫《宁肯孩子做文盲，也不做“分奴”》，虽然作者在文中对当今中国教育弊端的批判赢得了不少声援者，然而在文末，他也不得不很现实很无奈地承认自己的观点偏激了。是呀，我就了解到，有所初中学校的学生不必上晚自习，家长就有意见了，说这学校的教师不如别的学的择校费。据说，在大都市里，关键的一分半分，那还是数万元的价码。有些学校为抓生源，愿出数万元将成绩特别优异的学生“购买”到自己学校去，而这些学生的家长，也深谙各校行情，在众多上门招生的学校中常常待价而沽。无论我们承认不承认，这些都是中国教育人人皆知的现状，在这样的现状里，我们作为师者，面对考分，能那么超然地不屑一顾吗？也试问我的同仁人，你们有人真的能坦然面对考分带给我们的尴尬？真的能彻底摆脱考分对我们的束缚？

总之，我是不能的，至少相当一段的时间里，我还得为我学生的考分和前途，也是为我自己的命运与前途呕心沥血！当学生承受不住如泰山压顶般的应试学习时，我便告诉他们：“在你不能改变现实之前，就先学会适应吧。在素质教育与应试教育之间，两头应付的老师比你们有更多的无奈。让我们师生携手并肩，同舟共济吧！”

有人说，应试也是一种能力；那么，适应无奈的生活，也应该是一种良好的心态吧？

今夜无眠

◇ 饶礼喜

这是一个微寒的春夜，我在昏黄的白炽灯下读着一位学生寄给我的落款为“内详”的短信。读着读着，我的双手不由自主地颤抖起来……这是一封怎样的信件啊！没有称谓，没有问候，没有署名，没有时间，没有地点，有的只是反复出现的各种字号的扎人心肺的同一个短语！信是打印稿，字字如尖刀。一向自负自信的我，看见这样的字眼，仿佛隆冬时节掉进了刺骨的冰窟，心都要碎了！无数个问号顿时在眼眶里打转，滴落下来一串湿漉漉的惊叹……

翻看信封背面看邮戳是本市的，写信人肯定就在离我不远的地方。打开记忆的闸门，翻检缓缓流过的面孔，我硬是想不起来——那会是谁呢？我又因为什么事情对他（她）发过雷霆，骂过他（她）“蠢猪”呢？我这样一位声誉鹊起、名震一方的国家级骨干教师，居然遭受一名昔日学生的如此辱骂，怎不令我目瞪口呆、五内俱焚。

躺在松软的席梦思床上，我如坐针毡，辗转反侧，夜不成寐。我知道，无论怎样为自己开脱都已经毫无意义了，我曾经在无意之中深深地伤害了一位学生的自尊，影响了他（她）的身心健康，以致他（她）至今依然耿耿于怀！我现在真想找到这位学生，向他（她）当面表示诚挚的歉意，求得他（她）的原谅，然而他（她）不愿给我丝毫的机会，他（她）分明是要让我一辈子承受良心的谴责和鞭挞……我既不能责怨他（她）的偏执与狭窄，也不能无视他（她）的仇视与痛苦，我只能好好反省检讨，并在今后的工作中时时警戒自己。

回想初为人师的日子，我是一心扑在班上，切实按照老教师告诉我的带班诀窍去做，腿勤，手勤，嘴勤，像一只永不疲倦的大猫，时刻提防那群不安分的小老鼠。然而，事与愿违，自习课上讲话声总是嘤嘤不断，我于是大发雷霆，分别召开座谈会，并调整班委，步步为营，各个击破！后来，班风整顿好了，学习成绩也上去了，那届学生高考一炮打响，除了录取人数居全校第一之外，还产生了一个全市外语类冠军，第二年我便被评为“临川十佳青年”。捧着金灿灿的荣誉证书，我心中充满了成功的喜悦。然而，我做梦也想不到，我在辛勤培育香甜桃李的同时不经意间也结出了一枚干涩的苦果，让我咀嚼无穷的遗憾与后悔。那个时候，自己年轻气盛，可能恨铁不成钢，真的骂过学生“蠢猪”，而且不以为意。古人云：“辱人者人必辱之。”西方谚语亦云：“辱人者必自辱。”看来，我是不幸而入自取其辱者之列了……

人非圣贤，孰能无过？我们不是圣人，我们自有凡人的喜怒哀乐，但是，我们决不能伤害学生脆弱的自尊，哪怕他（她）调皮捣蛋成了“过街老鼠”，哪怕他（她）顽劣成性成了众矢之的，因为他（她）是来接受教育的学生啊！孟老夫子说：“得英才而育之，乃人生一大乐事。”不错的，然而我们总不能把眼睛只盯着几个“英才”、几块璞玉吧？

老师啊，种瓜得瓜，种豆得豆。以此类推，种勤劳者收获喜悦，种坦诚者收获友谊，种宽容者收获爱戴，种温暖者收获眷恋……种下思想，收获行动；种下行动，收获习惯；种下习惯，收获品德；种下品德，收获命运。在这春光明媚的季节里，让我们播种希望吧，为她灌溉，为她除草，为她杀虫，为她祝福！

公平是有条件的

◇ 谭明光

有一次我查学生的课外作业，陈波没完成，我严肃地批评了他。过了一会儿查到王明，他也没完成，我只说了一句话：“你这是第一次，相信这也是最后一次。”

下课后，好多学生包括陈波本人来找我理论。他们一致认为，王明成绩好，老师喜欢他所以袒护他，不批评他，陈波成绩不好，老师不喜欢他，所以严肃批评他。这是“不公平”的，一定要请我给个说法。下面就是我当场给他们的说法。

陈波同学课外作业经常不完成，有时说忘记做了，有时说不知道有某项作业，有时说作业太多了，有时说作业本忘在家里的写字桌上或者弄丢了，等等。对于这一些原因，我不能一句也不相信，同时更不能全部相信，我敢

肯定其中有偷懒和说谎，今天谁又能保证他没有偷懒和说谎的可能呢？对于他这种屡教不改的行为，严肃批评也是必要的。王明同学是第一次没完成课外作业，所以今天王明和陈波的行为就表现形式上看是相同的，但是他们犯错误的程度是不同的。正因为这样，我对他们的处理态度也不一样，我认为这是公平的。公平是有条件的，如果对他们作相同的处理，我倒认为是不公平的。如果你们还想不通，我再补充两点：我处理陈波第一次不完成作业与今天对待王明第一次不完成作业的态度是相同的，处理陈波第一次不完成作业和今天对待陈波不完成作业的态度是不相同的，你们谁能说这些做法中存在不公平的因素？

学生走后，我继续思考这个公平与不公平的问题。

耕种了同样的几亩田地，有人收获了满仓粮食，有人得到了半把秕谷，这是公平的。

一起经过十年寒窗苦读的莘莘学子，一部分金榜题名，一部分名落孙山，这也是公平的。

君子坦荡荡，生命里充满阳光，小人常戚戚，日子里弥漫阴霾，这也是公平的。

警察处理案件确定嫌疑人的时候，有时即使没有什么证据，也经常把怀疑的目光锁定在一些有前科的人员身上。对于这些被怀疑者，这似乎是不公平的，但是他们正因为有前科才被确定为重点嫌疑人，这恰恰又是公平的。

我们守法公民可以自由活动，一些盗窃犯、贪污犯、杀人犯、抢劫犯因为他们所犯的罪恶被剥夺了政治权力和人身自由，这也是公平的。

当恶狼出现的时候，经常无事生非地喊“狼来了”的那个牧童被狼吃掉了羊，而平常忠厚老实的牧童得到众人的援助，这也是公平的。

公平是有条件的。

苦涩的爱

◇芮　敏

在现实生活中，当我们实践“爱的奉献”的时候，却很少注重它的负面效应。往往是只有当被爱者“呐喊”时，我们的心灵才会为之一振，才会感悟到“爱者有罪”的哲学道理。

下面是我校一位高三同学给校领导及全体老师的一封信的摘录：

“近两周以来，我食无味，寝不安，常常一个人面对着书本发呆，无心听课、读书和做作业，害怕与同学们交流，甚至害怕与他们的目光接触。我总觉得同学们的眼光里都带着炽热的锋芒（也许不都是，但我感觉如此），时刻在刺痛我的心灵。我这个号称品学兼优、活泼开朗、性格刚强的人，如今好像变得非常渺小、孤独、怯懦。令我改变的不是别的，正是你们及全校同学给我的那份‘爱’，即给我的那份‘爱’不是我愿意接受的那份贫困学生资助款，你们在没有征得我的同意的情况下，就把我列为资助对象，并在全校大会上，让我接受师生们给我的那份捐款。为了尊重你们的选择，我不情愿地接受了这份‘爱’。可是，你们知道吗？这份爱，太苦涩了。我确实需要钱，但我更需要尊重。多年的家境拮据使我养成了刚毅的性格，而你们这份‘爱’的奉献却使我变得脆弱许多……”

读到这里，我们相信这位同学不会被这份“爱心”所压倒，这份倾诉必使他重新找回自我。但这位同学对尊重的呼唤使我油然想起这样一则故事：

二战期间，一位德国老人住在偏僻的农村。一天，一位身着时尚的人在他家园子边徘徊。老人观察良久后，对那位男子说：“先生，你愿意帮助我把栅栏里的这堆木头搬到那边角落去吗？我老了，搬不动了。”男子心里一乐，连声答应，立即干了起来，很卖力地将木头搬过去并摆放好。晚上，这位男子心情愉快地与主人共进晚餐。整个战争期间，城里逃难的人很多，老人家的那堆木头无数次地被从院子的两头来回搬过，而每搬一次，都会有客人与他共进晚餐。其实，那堆木头根本不需要搬动。

读完这则故事，想着被资助伤害的那位同学，我们不能不有所触动。几十年前的老人尚懂得如何去尊重别人，而在追求平等、尊重人格、崇尚人权的今天，我们却在用自己的爱去伤害别人的心灵。

助人是中华民族的传统美德。助人可能给人带来希望、雨露、阳光，也可能给受助者带来伤害。“善歌者使人继其声，善教者使人继其志。”但愿我们每位教育者都能从德国老人身上得到一些感悟，不断地去探究爱的艺术，追求爱的效益。

不要在学生心灵上打桩

◇戴　锋

哎！这怎么可能？看着一张张民意调查上写着我的名字，原本对民意测验抱着怀疑态度的我，此时心却久久不能平静。

上周四午休时，我们办公室的几个老师聚在一起聊天，无意间提起我们任课老师在学生心中的威信如何。大家都觉得教化学的老师可能比较凶，她性格比较内向，平时总一本正经，不爱和同学开玩笑，学生有些怕她。相比之下，我经常和学生开玩笑，属于比较随和的那一种，这一点我绝对有信心，因为平时我在课堂上挥洒自如，这都和学生的紧密配合分不开。课后他们也常和我开善意的玩笑，有时甚至对我评头论足，自然我属于师生关系融洽的那种。就在我们几个人都难说清学生究竟比较怕谁的时候，大家建议去学生那里作个民意调查，不就水落石出了吗？谁都知道学生是不会说假话的，即使有个别不真实，相信群众的眼睛是雪亮的，从他们那里得来的数字最能让人信服。

怎样才能得到最真实的民意？我们想出了一个主意：老师想写一篇文章，需要一组真实的材料，希望大家合作。结果很快出来了，出乎我的意料，我得票最高。这下我傻了眼，简直无法接受这个事实。

我开始仔细察看学生写在纸上的理由，却发现，凡投我票的学生，几乎都是这样写的：老师你知道吗？你在发脾气的时候我们最怕，我们都不敢吭一声，以后见到你也不敢正视你的眼睛。

我记得我才对他们发了一次火呀，那还是在初一时。记得那一次，他们考试一团糟，我上课时就把他们骂了一通！对，也许就是那次，我发脾气的时候过于冲动，给他们造成精神上的创伤，而这创伤是一时难以抹平的，无论我在不发脾气的时候是多么的和蔼，多么的随和，他们也会想起我过去怒发冲冠的形象，大发雷霆的样子或者是歇斯底里的丑态。

我想起有这样一个故事：

一个小孩总是对别人发脾气，事后再去道歉，别人却不一定原谅他，他满怀疑惑，于是去问他父亲。他父亲就对他说以后再发脾气时，就在园子的地上钉一个木桩，如果向别人道歉后就拔掉这个木桩，直到园子里不再有木桩。他按照父亲的话办，但他过一段时间却发现地上的木桩没有了，而园子留下许多深深的坑，很长一段时间也没有消失，他终于明白父亲的用意，他不再对别人发脾气了。

这个故事不就在说我吗？我对学生发过一次脾气，在他们的心灵上留下的创伤要很长一段时间才能磨灭，甚至到永久。作为老师的我们，在对待每件事情中，一定要谨言慎行，不要图自己一时痛快，一时冲动，朝学生发泄，把自己的不快施加于他人，否则后果不堪设想。实际上，发火只能说明自己无能，关闭一扇扇本来向你敞开心灵的大门，失去一次和学生平等交流的机会，以后再走进他们的心里就很难。

一次简单的民意调查，让我感受颇多。每当我想发脾气的时候，我都会告诫自己：不要在学生心灵上打桩。

有些秘密碰不得

◇ 鞠贵芹

一直很难忘记那个叫梅的女孩。

1992 年，我刚刚大学毕业走上三尺讲台，怀着满腔激情，总想用火热的心温暖每颗少年的心，用真诚的情启开每扇紧闭的心扉。梅就在我热切的寻觅中进入了我的视野。

梅是个瘦瘦小小却聪明伶俐的女孩，只是常常独自坐在窗前发呆。长长的眼睑遮住了黑黑的眼睛，让人无可回避她的忧郁与伤感。我的心底不由堆积了一团团的谜：她是个什么样的女孩？她遭遇了什么？是什么使小小年纪的她显得如此沉重？

我想帮她，我要帮她。那时的我生活单纯、心情明朗，我期冀我所有的学生都能拥有这个年纪该有的阳光与青春。

我一次次地把她约到我的办公室或我的宿舍，希望能与她倾心交谈，并让她说出心底的忧伤。我耐心地陈述我的职责，热切地表白我的善意与真诚，表示愿做她最好的朋友，我甚至毫无保留地谈我的家庭、我的理想、我的大学生活、我的喜怒哀乐。但无论我怎样努力、怎样掏心窝地表白，她却总是低着头默不作声，最好的时候也不过是重复一句话：“老师，您多虑了，我就是这种性格，什么事也没有，您不用费心了！”

年轻的我却是那么固执己见，非要弄个究竟。她迷蒙的双眸里分明隐藏了一个让人心痛的故事。我相信一句话：心病还须心来治。我也相信：真诚可以感化一切。

为了打开心结，我开始从周边入手，我找她的好朋友谈话，侧面了解她的家庭，知道她有个姐姐就在这座城市。于是我在一个周末拜访了她的姐姐，虔诚地表明我的心意。她的姐姐犹豫了很久之后，向我诉说了一个令人心惊的故事：梅幼年即失去了父母，与姐姐相依为命，姐姐早早就辍学打工养家，供梅上学，梅也很懂事，知道姐姐的艰难，放了假就到姐姐打工的公司干点零活，贴补家用。然而，在一个夏天的午夜，姐姐上夜班，劳累了一天的梅在沉沉睡梦中，却被姐姐醉酒的男友污辱了。梅哭过，寻死过，但被姐姐劝住了。为了姐姐的名声，梅将眼泪咽进肚里。但从此梅却沉默寡言，完全变了一个人。

我的泪一直在流，我的心一直在痛。当再次在我的宿舍里面对梅时，我失态地抱住她瘦削的肩：“梅，把我当做朋友吧，我们一道想办法惩罚那个坏蛋，然后一起忘掉悲伤，快乐地生活，好吗？”

梅的肩倏然抖了一下，而后出人意料地，猛地一把推开我，冷冷地盯住我的眼睛：“你全都知道了吧？这下你满意了吧？我恨你！”

梅摔开门跑了。我却愣住了，我做错了吗？我做错了什么？我可是一番好意啊！被兜头浇了一盆冷水，我委屈了好久，而梅也更加沉默了，而且自此以后不管我怎样想接近她，她都一直有意地避着我。一年之后，这一届学生毕业了，办完毕业前的一切手续，我想找梅做最后的解释与沟通，但梅却在我的忙碌中悄悄地一个人先走了，一句话也没有给我留下。从此，再也没有得到她的消息。

今天，回首往事，十年的工作经历和人生阅历，让我慢慢明白：有一种伤害，只有时间能够将它带走。就像梅，心头的伤口本来已经结痂，但我却单凭自己的一厢情愿，无情地揭开了刚刚长成的硬痂，残忍地让她再一次面对自己的耻辱，柔弱的她怎么能够承受，又怎么能不恨我呢？每每想起梅那一句满含怨恨的话和那双忧郁的眼睛，我心中便不由得阵阵发疼。教育是一门科学，是一门艺术，光有热情和美好的愿望是远远不够的！

每个人的心底都会有一些不愿让别人知道的秘密，学生亦如此，因此教师应该学会尊重学生的这份权利，走近学生的时候，别忘了要给学生留一方只属于自己的秘密心园。至少，应该征得主人的同意。

教育需要幽默

◇ 赵宪宇

我们的严肃教育太多了。

说到幽默，就想到了两位幽默大师。一位是林语堂，他说演讲最好时间短一些，就像女士的裙子越短越好。另一位是钱钟书，当别人要采访他的时候，他说你已经吃到蛋了，还管是什么鸡下的干什么呢？智慧机智，充满哲理。我们的教育忘记了幽默的作用，以致教师和学生都是正襟危坐，面容板正，不苟言笑。

有一年，一所学校举办演讲比赛，演讲在露天的操场上举行。一个女生上台把稿子放在桌子上，正准备开讲，但那天有风，正好来了一阵，稿子冲天飞去。清风无情，稿子随风飘走，这是意想不到的事情。继续讲吧，女生显然准备不充分，不能脱稿。不讲吧，下去也难为情。而主持的教师却面无表情，一动不动。这时非常需要我们的教师拿出智慧和幽默，但他没有。女孩子只好语无伦次地结结巴巴地讲下去，我们都很惋惜，这位学生肯定也终生感到遗憾。实际上，教师一个简单的处理就行了。比如，发现她不能演讲下去，就让她表演一个什么节目或唱一支歌，活跃一下气氛。实际上，她本身的特长就是艺术，就是唱歌。最直接的办法就是根据演讲的主题，和学生

进行一段有关的对话，既活跃气氛，又解脱了学生的窘境和紧张。或者说一些轻松的主持词，比如，文章太好了，风儿也动容，奇文共欣赏嘛。或者，风就是这样，自古以来就是喜欢看书，不是有“清风不识字，何故乱翻书”的名句吗？

老师缺乏幽默，原因是师道尊严在作怪，也有正统的教育理念的束缚。倒是我们的学生不乏幽默，只是可能随着我们严肃的教育的熏陶，他们的幽默感觉也逐渐消退了。要知道，幽默孕育着情感，孕育着创新，孕育着灵感。我曾经教过一个学生，他一心想当歌唱家，可说实话，他真有点五音不全。教育这种执著的学生确实很困难，倒是我的另一个学生很会幽默，解决问题的办法也很机智。他写了一篇小随笔，大意是这样的：有一天早晨，某女生来上早读，走在校外的小树林里，听到了几声狼叫，吓晕。一查！原来是某某同学在练声。有的同学评价说这是否有点攻击性的幽默，我说同学之间可以接受。那位音乐爱好者多年后问我，随笔是不是我的设计，我说不是。同学的幽默使他知道了自己的短处，从而也找到了自己的发展优势。

幽默不只等于说说笑话，应包括形体的习惯行为、手势和表情等。鲁迅多少年以后还记住藤野先生，当然与藤野先生对鲁迅的爱护有关，但与那拖着长声讲“我就是叫做藤野严九郎的”也脱不了干系，藤野先生讲课就是抑扬顿挫，不失为一种幽默。我们许多的教育，如果用严肃的方式可能会适得其反。实际上许多教育人的场合我们是很难用严肃的方法来解决的，幽默的说法往往是一种不可或缺的教育通道。大教育家陈寅恪在西南联大上课的时候，有一个学生在班上睡觉，他就拉开教室的门，对着门卫大声喊，老王，快拿一张床来！教室里一片笑声。他又对那个学生说，我怕你冻着了，桌子上睡觉也太辛苦。如果是我们的某些教师，会把他推出门外，或下课后叫到办公室训斥一顿，或干脆就在教室里讽刺批评一通，效果也会有，但哪种更好呢？我们一般的教师通常是拿着书本去拍头，或者用粉笔头砸将过去。

孩子最需要什么

◇ 衣奎伟

昨天是六一节，儿子的生日。学校上午联欢，下午放假。本来说好下午一家人到弥河抓鱼，但是下午学校有事情要办，没有去。儿子很不高兴，因为这样的事情已经好几次了。我和儿子再三说明，只有到暑假再加倍补偿了。

一个企业家很有钱，他对自己的儿子“关心”备至，为他儿子买了他想要的一切，甚至夸口说：“儿子，不管你需要什么，爸爸都满足你，就是要天上的星星，爸爸也会想法给你弄来。”但儿子还是经常和他闹，搞得他心烦意乱。他生气地问：“儿子，你到底想要什么？”儿子泪眼汪汪说：“爸爸，我就需要你！”此话说得企业家心里十分酸楚，无言以对。但经过一番思考，终于悟出了个中道理，在儿子生日时用信封装了一份礼物给儿子。儿子拆开一看，是一张条子，上面写着“儿子：从今天开始，我每天留出一小时给你，星期天三小时，你高兴怎样就怎样，爸爸陪着你。”看完之后，儿子欢呼雀跃，大声说：“这是我收到的最好最好的生日礼物！”

在美国也曾发生过这样一件令人深思的事例：

一位爸爸下班回到家很晚了，很累并有点烦，他发现五岁的儿子靠在门边等他。“爸，我可以问你一个问题吗？”“什么问题？”“爸，你一小时可以赚多少钱？”“这与你无关，你为什么问这个问题？”父亲生气地说。“我只是想知道，请告诉我，你一小时赚多少钱？”小孩哀求。“假如你一定要知道的话，我一小时赚三十元钱。”“喔。”小孩低下了头，接着又说，“爸，可以借我十元钱吗？”父亲发怒了：“如果你问这问题只是要借钱去买毫无意义的玩具的话，给我回到你的房间并上床，好好想想为什么你会那么自私。我每天长时间辛苦工作着，没时间和你玩小孩子的游戏。”小孩安静地回到自己的房间并关上门，父亲坐下来还在生气。约一小时后，他平静下来了，开始想他可能对孩子太凶了，或许孩子真的很想买什么东西，再说他平时很少要过钱。父亲走进小孩的房：“孩子，你睡了吗？”“爸，还没，我还醒着。”小孩回答。“我刚才可能对你太凶了。”父亲说，“我将今天的气都爆发出来了。这是你要的十元钱。”“爸，谢谢你。”小孩欢叫着从枕头下拿出一些被弄皱的钞票，慢慢地数着。“为什么你已经有钱还要？”父亲生气说。“因为这之前不够，但现在足够了。”小孩子回答，“爸，我现在有三十元钱了，我可以向你买一个小时的时间吗？明天请早一小时回家，我想和你一起吃晚餐。”父亲听后无言以对，流着眼泪把儿子紧紧地搂在怀里。

其实仔细想想，我们许多家长就是故事中的主人公，天天忙于工作，忙于赚钱，忙于交际，很少有机会能和孩子在一起玩耍、交流。我觉得自己还算做得不错，只要节假日学校没有事情，我一般都要和儿子在一起。但是据我调查，我们班的七十多个学生，大多是自己过节假日，有时候近五十天的暑假也都是一个人在电视的陪伴中度过，孩子对父母的要求也仅仅局限在钱上了。长此以往，对孩子的健康成长很不利。

你的心情就是天气预报

◇ 马永双

张家港的天气不错，我的心情也不错。张家港高级中学的音响不错，我唱的《青藏高原》听起来也不错。

我知道，学校里的同事熟悉我的名字和面孔，多半是因为我被大家抬举为一个西北风的业余歌手。我为自己能够在忙忙碌碌的校园生活中带给我的同事和学生一点消闲或者感动而由衷地高兴，同时我又为自己能够在张家港高级中学的舞台上得到这样的宠爱而感动。

第一次面对普通班的学生，我是在失望中度过的。课堂上我看到的是空白的表情；课后我又收到了空白的笔记本和默写本；自修课上，我听到的是中性笔跳舞的噪音；从学生的手心我抠出了十八个钢蹦，那是学生把桌洞当做赌场，奋斗了半节课的战果。留给我的是失望，只有失望。我曾经给一位同事透露过当时我对普通班学生的评价：回答不了老师提问，怎么没有哪一位同学低头作一个惭愧状？题目做错的时候，怎么没有哪一个学生脸红？考试不及格怎么没有哪一个同学掉眼泪？当然我知道我的学生不是没有自尊。我的一个学生哥们曾经在期中考试前向我担保：老师你别管我，我不会拉你的分数。考试结束以后，我在校园网上发现了他被记大过的行政通报。我真的不知道该如何去报答这位最终得了零分的“江湖朋友”。我的课代表收集了同学们对我的意见：“老师，你要更凶一点。”可我为什么要对他们那么凶呢？我有什么理由惩罚他们？我没有理由也没有办法做到。

又一节课，又一节自修，又一叠作业，我从中找到了一个又一个亮点。6

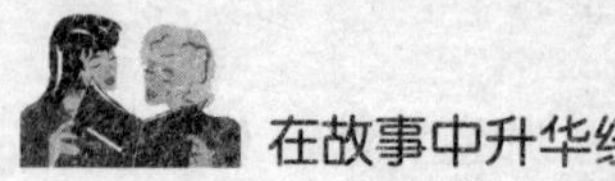

班那位胡须最长的，像某某导演或是某某大侠的同学，被我请到办公室，他教会了我在书上没有学会的电脑技术。12班那位膀大腰圆的学生，也就是被人误以为是来参加课堂督导的那位同学，运动会上拿了一百米和跳高两个冠军。还有14班那位大胡子，吹出一曲萨克斯风让我有了知音的感觉。课间十分钟我找到了两位漫画高手，一位围棋高手，还有两位象棋高手，足以和我一比高低了。艺术班的课件上我加上了自己的行草手稿；艺术班的课堂上我把自己当作课件，真实，形象，现场直播。当然我也是冒着被学校批评的危险。这里我还有一项智力测试的结果也许可以带给大家一点启示：我复印了一张我上大学期间一位新西兰专家带来的测试图，上面有不同长短、不同方向线条组成的黑白图案。这张图当中隐藏着一个五星。图案发到学生手中，我便说明了要求。测试的结果给了我一个不大不小的警告。五到十秒钟之内找到答案的，正是那些曾经被我视作没有任何希望的，将来无所作为的学生。我不敢说那些平常的学习尖子生比其他同学笨了多少，但我必须承认那些所谓的差生是聪明的，顶呱呱的聪明。也许这就是理由，我开始跟越来越多的"研究生"（学校统一给差生起的称号）交了朋友。从此以后我不说差，我不言弃。我的课堂评价也凭空多了许多褒义词。学生开始想办法让我记住他们的名字，其中有一位赵胜，我记得最快，也无法忘记。上课前一两分钟，他跑过来问老师好；课堂上他说老师你的袖子上有粉笔灰；下课时他说老师再见；等我到了走廊，他从后门蹿出来说老师好老师再见。他不是赵胜还有谁？更多的学生开始和我交流学习方法。有一位同学告诉我，马老师，我们初中的老师对我们可凶了。我们天天默，天天抄。我说，我不凶。我只要求你们天天说、天天写、天天读、天天听。那位同学说，老师你骗人。我没有骗他们。每天听听流行英语摇滚，看看伊拉克英文报道，用英语说说SARS和Bird Flu，写一篇英语日记，坚持到像每天吃三顿饭，外加一顿夜宵的程度。我想，学生天天如此，英语老师就要开始担心自己有下岗的危险了。

我喜欢丝丝风毛毛雨，张家港就有。这是我从大西北的戈壁滩走到江南水乡的一半原因。我喜欢不断变化的挑战，张高中就有。这是我离开挚爱的家乡而加盟张高中的另一半原因。来到这里我又被人格学习文化关怀所包围。不知道能不能这样说，校长不错，老师的心情不错；老师不错，学生的成绩不错，家长的心情也不错；老师学生都不错，我相信，校长的心情也不错。

我的手机短信每天都有天气预报，但我更相信我每天的心情。

有一种伤害叫做“爱”

◇ 周贵进

曾经，我用微薄的工资资助过几位穷孩子上了大学，如今也还有两位在读大学生需要我的资助；曾经，几位“差生”的学海之舟桅折帆破，我满怀深情地为他们修桅补帆，他们都或早或晚地成了材；曾经，我为“偏科生”成功地治过瘸；也曾经，为“特长生”去寻师拜友……曾经，我以为，对学生，“爱着就美丽着”。

后来，乃至现在，我才真正懂得，师爱，竟是一把双刃的利剑……

一位女生，作文写得特别好，很自然地，她成了语文老师的宠儿。是的，她的立意总是那么清纯而又深刻，她的构思总是在不动声色中给你惊喜，她的语言总是那么熨帖而又多姿。老师自个儿欣赏，拿到班上欣赏，带回家跟妻子欣赏，不断地跟大家品读欣赏。老师不断给她出新的题目，引导她天天写，写出“雨丝”般的情思，写出“春风”般的情调，写出“小雪花”般的睿智……后来，她没有考取大学，她数学太差。农村的女孩子，要劳动，要出嫁，要生孩子，尽管她“当作家”之心从未死去，也发表了一些东西。但，她有孩子，有丈夫，有婆婆，有许多生计方面的事情要去奔波。每当听说她很是辛苦的时候，大家都觉得不是个滋味。语文老师呢？他今天才懂得，她的严重的偏科现象与他的单方面的引导不无关系，不，应该说不可推卸，应该说，是他毁掉了一个有着彩虹般未来的学生的前途！

他叫小勇，家里穷但成绩好，不善于说话但腼腆可爱。大家都很乐意帮助他。作为班主任的我更是如此，能付的钱都为他付了，他也是我们家饭桌上的常客。有事没事我都会到教室里转转，大家说有一半是为了他，因而也都很羡慕他。他的成绩进步也很快，后来一直就保持在前 3 名。成绩越好，我自然也就越会关心他，他也就越发地用功。可是临近高考他不行了，首先是他不想吃饭，后来是睡不着觉，高考的最后两门他终于没能坚持下来。在医院里，我一直陪着他，他带着疲倦的微笑对我说：“对不起老师了。”在场的人们都流泪，为这孩子的不幸，为老天的不公，甚至还为我对这孩子的爱，是的，人们传诵着有一位怎么怎么关心他们孩子的老师……直到今天我才懂得，是自己充当了一名隐形杀手，是自己没有考虑到这孩子的“可持续性发展”。我的所谓的“爱”，无形中加重了他极大的思想负担，最终压得他倒了下来。我想，我今天的些许伤感怎么能平衡我不安的心灵呢？我甚至想，实在不能做一个称职的老师，那就改行算了，“误人子弟”，你担当得起吗？

“爱生”是一个闪光的教育理念，但“爱孩子，连母鸡也会”。是的，爱还得讲究方法、讲究艺术，像医生一样，光有治好病人的朴素的用心是远远不够的。

“再买一把格尺”

◇ 陈兴杰

一年级的数学课上，教师兴致正浓，对学生们的表现频频点头：“下面请小朋友们拿出格尺量一量你的数学书的宽度。”随着“劈里啪啦”文具盒的翻动声，孩子们迅速地拿出格尺开始“行动”。

“谁量出数学书的宽度是多少？说说你是怎么量的？”如林的小手雀跃着“我！我！我！”

“小 B，你说说测量的结果。”这位教师忽然点到离我两个座位之隔的一位小女孩。孩子慢悠悠地站起来，低着头，不说话。

“小 B，你的数学书宽度是多少呀？”教师没想到课堂节奏会慢两拍，再加上有学校领导听课，略微显得不耐烦，但声音只提高了四度。不知为什么小女孩还是不说话。

教师耐不住性子了，快速地走到她身边，声音有些急切：“你没量吗？”

“量了……”从牙缝“吝啬”地挤出两个字。

“结果呢？”

“我的……格尺不够长……”

教师拿起格尺看了看，瞪了她一眼：“昨天我不是要求每个人必须带一把二十厘米长的格尺吗？”

“妈妈忘记给我买了……”孩子脸红红的，显得很紧张。

“明天再买一把!”教师不高兴地回到讲台前，继续叫别的同学回答问题。

小女孩站在那里，不知所措。她撇了撇嘴，没让眼中晶莹的泪珠滴落下来。教师刚才急于讲授新知，竟然忘记让孩子坐下了。她就这样站着，站着，等待老师的眷顾。但是教师仍然神采飞扬地讲着，好像忘记了刚才的小插曲。

作为听课者我再也忍不住了，我两次示意她坐下，她才用比站起来更慢的速度悄悄地坐下了，眼角却不时的瞥着老师。

一节课中孩子再也没敢举手。

“孩子真的需要再买一把格尺吗?”我在听课记录上写下了一行字。

反思一

这位教师没想到会出现“不标准”的格尺，对孩子表现非常不满意，还忘记让学生坐下（这种事情在课堂中时有发生)。课堂应该是师生情感交流和沟通的阵地。教师应该多从学生的发展着眼，在乎他们的一言一行，一颦一笑。尤其更应该关注差生，哪怕是一丝微笑，一句鼓励的话语，一个抚摸的动作，都会激起他们情感的波澜。这应该引起我们的思考。苏霍姆林斯基曾有过精彩的比喻：“要像对待荷叶上的露珠一样，小心翼翼地保护学生的心灵，晶莹透亮的露珠是美丽可爱的，却又是十分脆弱的，一不小心露珠滚落，就会破碎，不复存在。”教师应该是爱心雕塑家。

反思二

基础教育课程改革下的课堂教学不再是预先设计方案的执行过程，而是一个动态生成的过程。它需要教师在课程预先设计的基础上，循着学生思维的起伏，情感的波澜随时调整整个教学环节。这节课中学生根本不需再买一把格尺。测量的方法并不是唯一的，可以从0刻度开始，也可以从任意刻度开始。如果格尺不够长，可以先把第一次测量的结果做上标记，接着再从这个标记开始第二次测量，把两次的结果相加不就是数学书的宽度吗?这位教师对于突发事件没有预见性，只用一句不经意的话一带而过，不仅挫伤了孩子的自尊心，还错失了教学良机。对课堂不能及时调控，主要是教师的知识储备不足，这也是课改中教师面临的一大难题。乌申斯基说过：“教师缺乏了所谓的教学机智，无论他怎样研究教育理论，永远也不能成为优秀的实际工作的好教师。”

的确，面对课改，面对孩子，我们的教师应该在教育实践中不断地历练自己，让每个人的心中再多一把“尺子”。

关于木桶理论

◇ 梁增红

有位奥地利医生叫奥斯布鲁格，他父亲是个卖酒的，为了判明高大的酒桶里还有多少酒，这位父亲经常用手在桶外敲敲，然后判定酒桶里还有多少酒，是满桶还是空桶。父亲的这一做法启发了他，他便由此推论，人的胸腔腹腔不也像只桶吗？既然父亲能敲敲酒桶知道酒的多少，那么，医生敲敲病人的胸腔腹腔并细细地听，不就可以由声音判定他的病情吗？于是细细钻研，认真总结，终于发明了著名的诊病方法——叩诊。

尽管很平常，但敲木桶也敲出学问来，有人便予以引申。

比如，想知道一个人的水平究竟如何？像观察木桶似的研究他吧，这将有助于找到他最短的“那块木板”！像敲敲桶似的敲敲他吧，你会由此发现他的水平境界究竟如何？正所谓“满桶不响，半桶晃荡”。这“响”与“晃荡”，就是对一个人的评价。

如此看来，这个世界处处有哲学。

不知什么时候，木桶理论被应用到教育上了，由木桶而提出了著名的“木桶理论”。即一只木桶盛水的多少，并不取决于桶壁上最高的那块，而是取决于桶壁上最短的那块木板。只有桶壁上所有的木板都足够高，那木桶才能盛满水，反之，只要有一块不够高，木桶里的水就不可能是满的！这个理论对教育界人士很有启发。人们常常大声疾呼要补差，不让一个学生落后，以提高学生的整体素质。大概也是明白这其中的奥妙。

我要说的是，木桶理论在今天看来也有些不合时宜。首先，木桶理论的大前提是为了装水或者酒或者其他饮料，似乎人的价值就都是一样。其实现实生活中并非如此。其次，这里还隐含了这样的潜台词，那就是每个学生都是一样高，倘若有一个学生出类拔萃，其他学生是否也要与他齐头并进呢？这显然是不可能的。学生的成长也不是同一个目标和方向，应该如同树枝一样朝着各个不同角度伸展。因为人天生就是各具个性才能的鲜活的个体，正所谓世界上没有两片完全相同的树叶一样。也许有的人就不适合做木桶上的一块壁板，但并不否认他还有其他方面的作用，或许他可以做凳脚，也可以做桌面，甚至能做支架……为什么非得让鱼儿学飞翔，鸟儿学游泳呢？

砸掉那个统一装水的木桶，让学生自由发展吧。别再让这种整齐划一的培养模式束缚学生的手脚，扼杀学生的天性了。既然不能充当这个木板，那么我们就创造条件让他去找到合适自己的角色吧。因为，让每一个生命活出自己的精彩才是最重要的。

尴尬的德育

◇ 陈升柱

近日，我校组织学生观看了爱国教育影片《背起爸爸去上学》。这一影片讲的是一个真实的故事，片中叙述了一名贫困家庭的孩子李勇如何一步步刻苦求学的故事。故事情节感人，不时让人心酸，让人流泪。在场的老师无不被影片中的动人故事所感染。然而与教师形成强烈反差的是学生。教师被感动得流泪，学生却看得大笑。还不时地看着老师，在暗暗地笑话老师流泪。在我身旁的一名四年级的学生看到小李勇考上师专后，因父亲没人照顾而不想上学，父子俩抱在一起滚打的情节时，竟然说出了这样的话："要是我就去上学，管他死活。"我听后心灵为之一震，我们的学生怎么了？现在的孩子怎么了？竟是这样的没有人情味。

我们的教师为什么能被影片中的故事所感动，学生为什么就没有这样的感受？那是因为我们的教师多多少少经历了像小李勇当时的艰苦生活，在自己的心灵深处能引起感情的共鸣。而现在的小学生就没有这样的经历，他们不可能与影片中的人物共忧愁，同欢乐。由此，我想到了现在的思想教育，不得不让我们进行反思。细细想来，出现像文章开头所描述的看似不正常而实则正常的现象的原因，大致有以下几个层面的因素：一是学校的思想教育的层面。长期以来，学校的德育注重于灌输，学校对学生的思想教育采取的多是说教、灌输式的教育，不能根据学生的实际情况有针对性地进行教育，不能与学生的心灵进行沟通，使学生认为教师都在说假话、大话、空话。学生没有亲历情感的体验。甚至有些地方的思想品德课还设有作业，思想教育是作业能做出来的吗？学生做作业记住的只是一些道德信条，不能很好地转化成学生的道德行为。让学生知道和了解的只是一些干巴巴的道德信条，该怎样做，不该怎样做，学生不知其所以然。这样的思想教育脱离了学生的生活实际，这也是我们学校的德育失败和陷入困境的一个主要原因。二是家庭层面的因素。现在的家庭中多是独生子女，他们饭来张口，衣来伸手，要什么有什么，他们不知道家长的艰辛。家长们从来不让学生做一些力所能及的事，不让他们吃苦头，有时学生在校进行劳动，家长生怕孩子累了，甚至出现了家长到校代劳的现象。这就使孩子们认为父母为他们提供的一切都是应当的，受之无愧。所以才有学生说："要是我就去上学，管他死活。"出现"教师哭，学生笑"的情况也就不足为怪了。学生不能理解父母的艰辛，那是因为他们没有体会到父母给他们提供的一切物质的来之不易，他们不知道幸福生活是如何得来的。现在我们的父母们只知道给孩子们提供优越的生活条件，不让他们去体验人生的艰辛和不易。三是社会层面的因素。市场经济的发展激发了人们自立、平等、创新和开拓进取的意识。但是，市场经济中对物质和金钱的追求，使人们的思想境界发生了偏离传统的优良道德轨道。不少生活在"温室"里的青少年学生享乐主义、利己主义思想严重，重自我、轻他人；重享乐、轻劳动；缺乏集体主义思想和艰苦创业精神，奉献精神淡化，社会责任感减弱；从而出现闭门读书，不问国事；有的只强调需要，不讲给予；相当多的青少年学生劳动意识淡薄，饭来张口、衣来伸手，不以俭为荣，怕过艰苦日子。致使现今社会友情、亲情、邻里之情都罩上了一层金钱的面纱，一切的感情不再是纯朴和真挚的了。这也是造成学生没有人情味的一个社会大环境。

其实，德育贵在体验，重在践履，没有体验，没有践履的德育只能承受由人格分裂带来的信任危机。于是出现了父母越给子女提供优越的生活环境，孩子越是不关心父母，不孝顺父母的现象，到后来才有打骂、虐待父母的情况。像浙江金华的徐力杀母，中央音乐学院的大学生陈果自焚、北京14岁的男孩残忍地杀害同学的妹妹、徐州的违纪学生疯狂地砍死校长的四位亲人……这些鲜活的事件无不说明了我们道德教育的失败。我们多年的教育没有

深入到孩子的心灵。朱永新教授在《新教育之梦》一书中谈到“理想的德育，应该重视心灵的沟通，建立起温馨的对话场景”。前苏联教育家苏霍姆林斯基也指出：“教育是人与人心灵上的最微妙的相互接触。”所以，教师必须和学生建立起一种平等的沟通，一种平等的探讨，一起在教育教学活动中培养德性。德育应该以人之为人的生活世界、精神世界为底色，以人性、人格、人品为底线，培养人的善良、正直、诚信、同情、宽容、合作、谦逊等品质，并由此生成学生的道德自律和道德自觉。有教育家说出了如此切中肯綮的话：“假使我们很真诚地生活着，那是教育使我们认识到精神上的和谐。但是假使我们卑琐、虚伪，那是教育中忽略了情感的生长。那是教育没有能在我们的心灵开垦理智和精神的土壤。”所以学校德育要彻底摈弃“伪圣”的做法，褫去美丽的外衣，还学生一个真实的世界，引领学生用自己的眼光去观察，用自己的心灵去感悟，用自己的思维去判断，用自己的言语去表述。唯有诚信的德育才能给迷茫的双眼带来清明，给弯曲的脊梁带来挺拔，给卑怯的人格带来刚健。

前苏联教育家苏霍姆林斯基指出，培养人的时候，不要忽视“人的所有方面和特征的和谐，都是由某种主导的东西所决定的……在这个和谐中起决定作用的、主导的成分就是道德”、“道德是照亮全面发展的一切方面的共源。”就个体发展而言，德、智、体密不可分，但“德”是体现个体精神面貌的决定因素，德决定着人的发展方向、动力，调节着人才的运用。青少年学生正处于人生成长发展的关键时期，他们不仅要学知识，同时要增长智慧、才干，要观察社会，思考人生，确立自己的价值观、人生观、世界观。所以，要把青年学生的德育工作纳入整个社会的大系统、大环境之中，空间上向社会发展，时间上向课外延伸，从而形成学校、家庭、社会三结合网络，实行全方位、多层次、立体化的教育，取得综合整体效应。发挥学校主渠道作用，坚持教书育人，落到实处；健全学校、家庭联系制度，形成育人合力；建好德育基地，强化德育效果；聘请校外德育辅导员，开发德育资源；严肃批判一些社会丑恶现象，用学校小环境积极影响大环境；坚持揭露和抑制格调低下的影视、报刊、出版物，大力宣传其危害性，从而使学生在接触社会实际的政治事务中受到积极的熏陶。

我要做一个“阳光教师”

◇ 申屠待旦

我要做一个有文化的教师。一个教师是否有文化，并不是看他能否熟练地掌握自己所教科目的知识，能否做疑难的习题，而是看他在教学时，能否让人感觉到是一个有文化品味的人。当他离开课本、离开教参、离开教案，是否能上一堂让学生欢欣鼓舞的课。在与学生的闲谈中，是否能启发学生的智慧、丰富他们的情感。有文化的教师不仅是教材知识的继承者、传授者，而且是先进文化的创造者、发展者。

我要做一个有思想的教师。一个有思想的教师，必然对教材进行大刀阔斧的删节与增添。在教学过程中，特别喜欢学生提出与书本不同的观点，因为他不怕回答，因为学生的提问会丰富教师的思想。一个有思想的教师，他上课的亮点不在于对书本的解释，而在于对学生不同回答的精彩点评。一个有思想的教师，会提出学生想不到的问题，提出书中找不到的问题，同时又是学生急于了解的问题、疑惑最大的问题。

我要做一个善于自我突破的教师。善于突破就是要不断改变自己，改变自己的观念，改变自己的知识结构，改变自己的思维模式，不断去完善自己的教育观、质量观、学生观，丰富自己的教学知识，增长自己的教学技能。人们常说，战胜自己是最大的难题。如何突破自己，也得讲方法，我的方法是：一反思、二讨论、三尝试、四完善。反思自己的观念、知识、技能等教师的基本要素，对照先进的理论，找一找自己存在的缺点。教师的主要任务就是教学，踏踏实实、认认真真开几堂教研课，互相讨论讨论，总结经验教训。在这基础上，尝试新的教学方法、教学模式，并且继续做好反思、讨论的工作，为最后的完善打好基础。

有文化、有思想、能不断突破自己的教师也一定是有理想的教师。理想是美，因为理想高于现实，是人们向往的目标，追求的方向。追求理想的过程是自己付出心血、智慧、汗水的过程，是自己战胜自然、战胜自己的过程。在这过程中，人的本质得到体现，人的潜力得到挖掘。我的理想就是“我永远不会放弃努力，我的努力是让学生超越自己”。

为了自己的理想，也为了学生有理想而教书的教师就是一个“阳光教师”。“阳光教师”之所以“阳光”，是因为他有上进心。他不仅在学自己的专业知识，不断地提高自己的专业技能，他还关注自己的潜能，对自己感兴趣的人与事，有强烈的好奇心、探究心，他能挤出自己的空闲时间，去不断地开发自己的潜能，实现自己的价值。他不会为他人的闲言而动摇对理想的追求，他能够忍受孤独，因为他的内心燃烧着希望的火，他想用自己的希望之火去点燃学生之希望，用自己的理想之梦去圆学生之梦。“阳光教师”之所以“阳光”，是因为他的一行一言都充满着感染力，他上的课与其说是在传授知识，还不如说他在播种科学的种子。

我当了一回“学困生”

◇ 韩郁香

一个半小时的网页制作培训，我是数着分分秒秒熬过来的！对我这样一个只会简单文件处理，又不太懂英文的人来说，时间多么漫长！我完全彻底地当了一回学困生！

我绝对属于好学的那种，指导老师一开讲，我便全神贯注，一会儿紧盯屏幕，一会儿“奋”笔“疾”书。渐渐地，我觉得老师的鼠标点得越来越快，我开始懵懵懂懂，手忙脚乱。我对自己说：“跟上，集中！”似乎就在一瞬间，我还是落下了，看着大家轻松点击，两面不断变幻，我却拿着鼠标束手无策。再后来，指导老师讲的什么，我一句也没听进去。我强迫自己集中精神，可头脑晕乎乎的，倦意阵阵袭来，任凭怎么尽力也赶不跑它。接下来难度越来越大，我照样听着，看着，记着，可那些名词冰冷而陌生，死活灌不进去。台上的指导老师一会儿一个：“这个简单，我不多讲了！”更是要了我的命。事实上，也许确实简单，要不然，大家怎么会不停地应和着“懂了，明白了”，又催着老师演示下一步呢？我傻傻地坐着，我终究没学会。接下来的按部就班的培训，我是一塌糊涂！作业自然不能完成。

学困生的学习生活如此“困苦”，我第一次拥有了这样刻骨铭心的痛苦历程，所幸的是，这样的经历对我来说，是短暂的，也是能够丢弃的，今后也许完全可以人为地摆脱。可是，对于纯粹的学生，每天置身在课堂，重复着一样的“傻坐、迷糊、困顿、茫然”的痛苦故事，有时还要遭遇老师热情而无奈的“提醒”、“教诲”、“抱怨”，设身处地，他们真是悲惨一族！我们常常习惯对学困生说诸如此类“你为什么不好好听讲，这样怎么能学会呢？”“这些我都讲过好几遍了，你怎么还不会呢？”“上课要集中精神，瞧，人家××同学多专注！”的话。看起来，话语中浸透了老师多少关怀！多少辛苦！可是更多的时候，这样的话几乎是白费口舌，这样的问题学生无法回答！正如我，明明是竭尽全力，甚至比别人加倍用了功，但是我却经历了几多痛苦，仍然一无所得。我想应该扪心自问的是我们自己：“他为什么不能集中呢？是听不懂，还是有什么心事，我了解他吗？我讲了几遍了，他为什么还不会呢？是我没讲清楚，还是对学生某个知识缺陷不甚了解？”要知道，学生最惧怕的是老师的焦急、无奈、责问，面对这些，他们只能无所适从，无言以对。

我在记忆深处搜寻着曾经跟几位这样的学生的交往，积郁的怒气、怨气一扫而光，占据心头的是无限的歉意和深深的自责。班级四十位学生当中，和小王同学的接触最密切、最频繁。上课，他局外人似的呆傻地坐着，有时全班整齐响亮的朗读接近尾声时，他的书还安然合着，甚至当同学们为有趣的话题激动得热血沸腾时，他仍然按兵不动，张着嘴巴好像琢磨着久远的心事，等你轻轻走过去提醒时，他才猛地回过神来。我们的亲密交往几乎都是为了补习功课，因为每一天的作业他都不能按时完成，即便完成了，也是错误连篇。不止一次地，我问过他上面的问题，没有回应。我没有怀疑过我关爱他的真诚，帮助他的热情。直到前不久，辅导他功课时，我才惊讶地发现，他需要的是从头开始的帮助，作业中写到“清凉”一词，他问我“清”怎么写，虽然觉得四年级的他问的这个字太过简单，但我还是耐心地告诉了他，“三点水加上‘青菜’的‘青’。”可他还是一脸的茫然，愣愣地咬着铅笔。原来“青”字他不会写！这可是一年级就学过的呀！我顿时傻了，我一直以来都是把他当作四年级的学生，他要和大家一样感悟课文、完成习作，还要学那么多连部件都不认识的新字。怪不得他人在课堂，心却飞到窗外遥远的地方，怪不得抄了无数遍的词语，默写对的寥寥无几，他的抄写只是依样画葫芦而已，更谈不上赏析美文，阅读精品了。我咀嚼到孩子的难，触摸到孩子的痛。他每天交给我的不完全的作业里凝聚着他多少艰苦的劳动！他每天经历的不正是我那晚一个半小时痛苦经历的反复、反复、再反复吗？肩挑义务、责任和爱，我找出尘封的一、二、三年级语文课本，业余的日程表里多了一项工作——补习。

一件小事引起的思考

◇ 吴仁娟

两个一年级的小男孩把老师放在桌上的眼镜拿起来玩，被老师罚站，一个站前面，一个站后面，惩罚他们的顽皮、淘气。其中一个男孩罚站时冲另一男孩笑，被老师看见了，认为他还没有认识到错，继而多罚了一会。事后，有位老师与他们进行了一次对话：

"为什么被罚站？"

"因为我们拿了老师的眼镜玩。"

"有没有损坏？"

"没有，只是看了一下。"

"为什么要看呢？"

其中一个男孩说："我以为是放大镜，看看是不是跟我的放大镜一样，能放大。"

"那你为什么不跟老师解释一下呢？或许老师就不会惩罚你了。"

"没什么好解释的，老师说罚站就罚站了。"

"你觉得老师这么做对吗？"

"不太对。"这是班级中发生的一件很小的事，但却引发了我的思考。

一、教育不能简单粗暴这位班主任老师并没有去询问"拿眼镜玩"背后的动机，不分青红皂白，主观地认为他们顽皮、淘气，对他们进行罚站。作为一个老师，惩罚学生，一定要让学生知道错在哪里，才会让学生心服口服，对自己的言行加以改之。而这两位被惩罚的男孩并不知道错在哪里，才会出现罚站时冲着对方笑的一幕。老师一怒之下，认为他还没认错，又让他多站了一会儿，这种教育只能是一种简单粗暴的教育。如果老师顺势引导教育大家，别人的东西不能随便动，如果想看，最好先得到人家的同意，特别是贵重的和易损坏的东西。这样既让学生受到教育，又学会做人。

二、关注学生个性发展

询问孩子："你为什么不跟老师解释一下呢？"孩子说："没什么好解释的，老师说罚站就罚站了。"孩子本不认为自己有错，却愿意接受惩罚。这多么令人惊讶啊！这正是平时的教育压抑了学生的个性，扼杀了反抗意识。由此我想到，我们的教育禁锢太多，过多强调规矩、纪律、整齐划一，忽视学生个性，从而最终培养出的只能是循规蹈矩、没有个性、缺乏创新精神的人才。教育是培养创新精神和创新人才的摇篮，面对世界科技飞速发展的挑战，我们必须把增强民族创新能力提高到关系中华民族兴衰存亡的高度来认识。教育在培养创新精神和创新人才方面，肩负着特殊使命。一味压抑学生个性，那么培养创新精神和创新人才，将成为一句空话。因此，教师要尊重学生的个性，关注学生的个性发展，让学生在发展中培养、塑造个性。多给他们心灵的自由，精神的自由，生命的自由，少一点呵斥、约束，让每一个孩子成为一道"独特的风景"。

三、保护学生的好奇心

孩子拿眼镜玩的动机，是想看看它能否放大，这只是一种好奇心，是对科学的好奇，可是这种好奇心没有得到激发而被扼杀了。如果这位老师去探求一下孩子拿眼镜玩的动机，了解他的好奇，以此为教育的契机，向学生介绍一些凸透镜、凹透镜的知识以及在生活中的应用，这不仅满足了学生的好奇心，而且能引发学生对科学的向往与追求。好奇心是产生兴趣的一个重要源泉，爱因斯坦说："我没有特别的天赋，我只有强烈的好奇心。"好奇心像一扇窗户，让它常开着，观察就不会停止，创造的源泉就永不枯竭。好奇心帮助我们撞开创造的大门，好奇心是想像力的起点，好奇心是科学创造的重要心理动力。没有好奇心，由点、线、面组成的几何图形在我们面前就会变成十分单调的东西；没有好奇心，那些繁琐的数字和符号会使人感到十分枯燥乏味；没有好奇心，那无限的世界会黯然失色。还是爱因斯坦说得好：谁要是不再有好奇心，也不会再有惊讶的感觉，他就无异于行尸走肉，他的眼睛是迷糊不清的。教师要像园丁爱护花朵一样爱护学生，爱护学生的好奇心。

四、真诚、平等地对待学生

教师的角色要改变，应走出“至上”、“独尊”的心理怪圈，不能任意惩罚学生。应建立真诚平等的师生关系，把学生当作一个社会人看待，当作一个朋友看待。遇到学生犯错时，多为孩子想几个“为什么”，“怎么样”。这就要求教师蹲下来与孩子说话。

“蹲下来与孩子说话”不仅是在视角距离上的平视，更是用一颗童心去看孩子，站在孩子的角度思考问题。蹲下来与学生交流，能让学生在一种“零距离”的心理状态下，进行师生“视界融合”的真情对话，获得师生之间的沟通，唤起教师藏在心灵深处的爱，激起师生之间爱的共鸣！

罚抄中止了

◇钱　芳

这天早读课上，我准备来一个突然袭击，抽查一下学生预习课文的情况。因为，一直以来，学生预习的效果令人很不满意，就连最基本的朗读课文也没有做好。尽管如此，今天我还是有些信心的。因为要抽查的这篇课文《“诺曼底”号遇难记》，我早已布置了预习，而且布置了两次，并再三强调课文至少读十遍。我随意点了一小组轮流读课文。第一个，第二个，第三个……不是读错了音，就是多字少字，疙疙瘩瘩，很是生硬、别扭，显然没有认真预习。

好哇，反复强调预习的重要性，你们居然还是充耳不闻，我行我素！一股无名火直往胸口蹿，好不容易按捺住，问道：“课文读满十遍的请举手。”环顾四周，少得可怜，竟然只有两只小手举着！原本一直引以为豪的几个优等生居然也无视我的要求。你头再低，脸再红，也不解我心头之恨，太让我失望了！“读满九遍的举手！”寥寥无几。“读满八遍的举手！”不见起色……强压住的怒火一下子如火山喷发而出，暴风骤雨来了！我厉声喝道：“课文没有读满十遍的，缺几遍就补抄几遍！今天，早读课不上了，语文课也不上了！”本来，话说到这个份上，我再也不想多说一句，但不知怎的，还不死心，又问道：“哪位同学，如果认为自己不需要读满十遍，就已经能把课文读通读准了，可以提出申请，只要到我身边来读一遍，过关了，就可以免抄。”同学们面面相觑，竟然没有一个站起来！心中仅存的一线希望也荡然无存。

接下来，学生们一阵忙乱。有的开文具盒找笔，有的翻书找本子……短暂的热闹之后，教室里一片沉寂，静得有些可怕！时间过得可真慢，好难熬呀，我还是第一次感到早读课的时间竟是这样漫长。

语文课是上午第二节。第一节课，我如坐针毡，心里矛盾着、斗争着，第二节课该怎么办？话已说出口，难道反悔吗？这不是明摆着说话不算话，降低自己的威信吗？照着做吧，一堂语文课用来机械、单调地抄写，岂不是太无聊了？怎么办，怎么办呢？我苦苦地思索着……突然，我眼前一亮，心生一计！

第二节课铃声响了，我迈着自信的步伐跨入教室。奇怪，今天教室里怎么这么安静？来不及多思考，我清了清嗓子，说道：“老师想征求大家的意见，你们认为这节课是继续上新课呢，还是按原计划抄写课文？”片刻的沉静，一双双小手纷纷举了起来。回答只有一个：继续上新课！理由却不尽相同，有的说不上新课会耽误时间的；有的说单一的抄写太没意思了；有的说人总有犯错的时候，老师应该大人有大量，给他们一个机会……我心里有一丝感动，却不露声色，故作为难地说道：“你们的想法不错，但是你们没有好好预习，怎么能上好课呢？”见同学们面露难色，我觉得时机已成熟，便说：“这样吧，我提供两种方案，你们自己选择。”“好！，同学们一下子又兴奋起来。“一种方案是继续抄写课文，另一种方案是完成一份《‘诺曼底’号遇难记》的自学探究题。”说着，我拿出了一叠早已设计好的练习纸，“选择探究题的上来领。”大家争先恐后，把我的讲台围个水泄不通，一只只小手在我眼前不停地晃着。没等我回过神来，一叠练习纸已不复存在。居然没有一个人选择抄课文！我心头暗喜，这一招还挺灵的。

接下来的一堂课，我没有再讲一句话，只是默默地关注着这群学生，此时的他们，神情格外专注，仿佛是在完成一项神圣的使命，或是读读课文，或是圈圈画画，或是轻声讨论，或是写写批注……我感受着他们的一举一动，心中充盈着无限的感激之情。课还没有结束，一份份充满智慧和灵感，写满个性的答卷已交到我的手中。看着这些精彩的答卷，再看看交完答卷的学生们，小脸蛋红扑扑的，绽开着笑容，眼里盛满了激动与喜悦。多可爱的孩子！

这瞬间，一种从未有过的幸福感油然而生，顷刻，又化作涓涓细流流淌在我的心田。我暗自庆幸，如果当初，为出一时之气，解一时之恨，作出草率、错误的决定，结果会怎样呢？还会有这样幸福的收获吗？

教育是优美的诗篇，是动人的乐章，是绚丽的图画……在与孩子们相处的日子里，我愿收获更多的美丽、幸福！

老师，请远离“心灵惩罚”

◇ 贾晓娟

有一篇外国寓言故事：

一位樵夫救了一只小熊，母熊对樵夫感激不尽。有一天夜晚，樵夫迷路，借宿到熊窝，母熊安排他住了一宿，还以丰盛的晚餐款待了他。翌日早晨，樵夫对母熊说：“你招待得很好，只是有一点，也是我唯一不喜欢你的地方，就是你身上那股臭味。”母熊心里怏怏不快，但嘴上却说：“那么，作为补偿，你用斧头在我的头上砍一下吧。”恭敬不如从命，樵夫按要求做了。若干年后，樵夫遇到母熊，问起她头上的伤口，母熊说：“噢，那次痛了一阵子，后来就不痛了，伤口愈合后，我就忘了。不过那次您说的话，我一辈子也忘不了。”

由此可见，语言伤害，刺伤的是心，是灵魂，有时它超过肉体所遭受的侵害。于是联想到：今天我们的学校里，教师对学生进行体罚的事件越来越少了，更多的惩罚表现为“动口不动手”，也就是心理惩罚，有人称为“冷暴力”。面对闯祸的或者“不听话”的学生，一些教师采取了冷嘲热讽、有意冷淡等方式加以“薄惩”。可是，这种心理惩罚的“杀伤力”一点也不比体罚弱，有时候它可以摧毁一个学生的全部自信。某校有个叫夏冬的学生有流鼻涕的毛病，一次上课，老师提问他，见他答不出来，光用手抹鼻涕，就说：“夏冬呀，我看你不如回家找个叫春秋的老婆，开个‘四季粉丝店’算了。”此话一出，全班大笑。也许这位老师对自己的话颇感得意，但对这个学生稚嫩的心灵是何等严重的伤害！可以说，这是他金色童年的一次黑色遭遇。

作家余华在其小说《在细雨中呼喊》中曾用非常精彩的笔墨写过一位在

惩罚方面“表达了卓越才华和出众的想像力”的张老师，以至于“我们一见到他就胆战心惊”。一次，一个名叫国庆的学生因为给同学起外号，受到了张老师的心理惩罚。每隔一段时间，张老师就要笑眯眯地对国庆说：“我会罚你的。”或者，他会笑眯眯地问国庆：“你说我该怎么罚你呢?”且看余华的描写：

“此后的一个月，国庆都过得暗无天日，总是在国庆忘记了处罚这事，显得兴高采烈时，老师就会突然来到他身旁，轻声提醒他：‘我还没罚你呢。’这种引而不发的处罚，使国庆整日提心吊胆。这个可怜的孩子在那些日子里，只要一听到老师的声音，就如树叶遇到风一样抖动起来，他只有在放学回家时才略感安全，可是第二天往学校走去时他又重新胆战心惊……”

这样的惩罚完全是一种非理性、令人发指的心理折磨。这样的心理惩罚将把学生的上进心、求知欲摧残殆尽，在心理上留下难以愈合的伤口，甚至产生心理障碍。有专家指出，由于心理惩罚的刺激，可以使被罚者产生呼吸系统、循环系统和外部腺体与内分泌等多方面的变化，造成机体功能紊乱，从而导致疾病。当然，更坏的影响还是在心理方面，长期受到心理惩罚者容易变得孤独、抑郁、自卑、缺乏自信，甚至变得冷酷，有的人会以虐待小动物、欺侮小同学来宣泄内心的痛苦与憎恨。’

青少年的心是稚嫩和脆弱的，如果教师用语考虑不恰当（更不用说恶意为之了），就很容易伤及学生的自尊心和自信心，甚至会对其心理造成难以愈合的创伤，以至会影响他的一生。苏霍姆林斯基说过，我们要像对待荷叶上的露珠一样，小心翼翼地保护学生的心灵。实践证明，只有当学生的心灵得到温暖的依靠时，我们的教育才会焕发出青春的活力、创造的活力。既然如此，那么就让我们远离“心理惩罚”，对学生多一点宽容和尊重，让学生的人生路上多几缕令人惬意的阳光，多几抹绚丽的彩霞吧。

记忆中的那双眼睛

◇ 王月珍

总也忘不了那个站在雨中的男孩，忘不了那双早熟的、茫然的眼睛，忘

不了他在作文中的一声声呐喊，更忘不了身为小男孩班主任的我曾在他的手掌心残忍地写下“速交伙食费”的字样。

前几年我调到一所学校任教。那所学校由于是中心小学，学生来自四面八方，离学校近的一二千米，远的两三千米路程，因此，大部分学生中午都在学校食堂就餐。我们班主任每月月底都要收一次伙食费。

又一个月的月底到了。为了及时把钱收上来，我早早地通知了学生，并且对那几个老是拖欠的学生一再叮咛：千万别忘了。尤其是那个方小峰我还特别点了名。因为他上个月的伙食费还是我垫付的！至今还没交。偶尔问他一次，他总说忘了！他这个理由，我从来没有怀疑过。我想，开学初的几百元代管费，有的家长会要求缓几天，但每个月几十元饭钱，还是不成问题的，他们在家也是要吃饭的啊。

那天临放学时，我又把他叫到了讲台前，对他说：“方小峰，今天回去可不能再忘了拿饭钱哦！”他轻轻点了点头。基于他以往的表现，我还是不放心，说：“来，把手给我。”他疑惑地抬起了手。我随手拿起一支笔在他手心里写了几个字“速交伙食费”，并对他说：“保证你今天洗脸的时候能看到，看到了就把钱放进书包里，知道吗？”听了我的话，同学们哄堂大笑，而他则低着头回到了座位上。

第二天早上，直到上课铃响，还不见他的影子。是生病了，还是家里有什么事？我问学生，谁也不知道。于是，我找到了联系册上的电话号码，一打听，那电话却是他婶婶家的。而请他婶婶打听的结果却是一大早就上学了。我又惊又急。他会去哪里呢？平时虽说比较内向，可从来也没逃过学呀！会不会出什么事呢？

“老师，他可能在电子游戏厅，因为他去过那里。”有学生说。

“嗨，去找找再说。”又急又气还夹着担心的我抓了把雨伞就直奔街上的电子游戏厅。

询问了一家又一家，挨了一家又一家游戏厅老板的白眼，却连个影子也没见到。毫无收获的我一边恨小孩子的不懂事，一边埋怨家长的冷血。孩子不见了，他婶婶居然说他爸爸不在家，拜托我帮忙找一找。光我一个人，去哪里找呀！

想着走着，不知不觉就回到了校门口。谁知无意间一抬头，却发现校门口不远处的那条胡同里，孤零零地站着一个身影，竟然就是我找了半天的方小峰！

“小峰，你在那里干什么？学校就在眼前，为什么不进去？你知道我找你多久了吗?”我又急又气。

他呆呆地望着我，却没有挪动脚步的意思。

看来还得我亲自去请呢！我顾不得胡同里的积水，小跑到他面前。这才发现他浑身湿淋淋的，头发还在往下滴着水呢！

“你没带伞?”我很奇怪，雨虽不大，却足以把衣衫淋湿啊。

“老师，我……”他抬起头，直视着我。

我的心猛的一紧，这是一对怎样的眼睛！那样的茫然，那样的无助，又是那样的哀怯！是的，哀怯！就像是待宰的羔羊般正瑟瑟地等待着主人的判决！这样的眼神不应该是他这种年龄的孩子该有的，也绝不是一个单纯想逃学的孩子会有的。

我一时竟不知该怎么说才好，只是把雨伞移到他头上，拉着他走进了校门。

整个下午，我的思绪一直被这样一对眼睛左右着。是什么让这个孩子宁可被雨淋也不愿进校门呢？这眼神里一定隐藏着什么吧？看来放学后我得亲自到他家走一趟。

主意一定，心情也暂时平静了下来。翻开下午刚考的单元卷，一张一张地批阅起来。

以我平时的习惯，作文我是要放到最后才批阅的。当我翻到方小峰的作文时，一个标题映入了我的眼帘《靖老师，我想对你说》。原来那天的作文命题恰巧是《×××，我想对你说》。我翻了一下他的作文稿，发现他竟然洋洋洒洒地写了三大张，足足有一千多字！我不由自主地看了下去：

靖老师，对不起，让您找了我半天。您一定以为我是个坏学生，竟然会逃课。可是我真的不是存心要逃课，只是我今天又没带伙食费。这绝不是我忘了，而是家里真的没钱了。本来，我不想说，可是看到这个作文题目，想到您为我垫的饭钱，我再也忍不住了。

我妈妈在我很小的时候就离家出走了，别人都说她是呆婆（注：精神病患者），可我知道，妈妈只是病了，病得找不到家了。总有一天，她病好了就会回家的。

我爸爸是个三轮车夫。本来，每天也可以挣些钱，可是，自从妈妈走失后，爸爸就迷上了赌博。只要口袋里有点钱，他就要找人赌。所以，我们家一直过得很艰难。两个月前，爸爸骑着三轮车不小心掉进了沟里，受了伤，至今还躺在医院里，医药费全是奶奶东挪西借的。奶奶这几天老是哭，哭爸爸不争气，哭她自己命苦。

昨天，我跟奶奶说起了伙食费的事，奶奶迟疑了好久，才决定再去向婶婶借一些。可婶婶说，爸爸都不养儿子，居然还要奶奶养孙子！结果，钱没借到，奶奶还挨了一顿骂。

最让人心酸的是最后一段话，那根本就是对苍天、对命运的呐喊：为什么？为什么别人有妈妈，而我没有？为什么别人有巧克力、蛋糕、玩具，我却连饭钱都交不起？为什么？为什么？妈妈，你在哪里？你在哪里？为什么不回来？为什么？

天啊！我做了什么？我做了什么呀？在他的心里，我这个班主任可能和逼债的黄世仁差不多吧？

想到他昨天明知道奶奶没钱却不得不开口的窘样，想到他奶奶回来时，他脸上的失望，想到自己昨天在他手心里写的字，想到这几十元钱带给他的压力……我的心就像压了块石头，沉甸甸的。

我的耳边不停地回响着他的呐喊，眼前不时浮现出那对迷茫无助的眼睛。一个声音越来越清晰：我一定得为他做点什么！于是，我站了起来，疾步朝校长室走去……

如今，这件事早已过去了好久，但是从那时起，我才真正明白了“老师”这个词的含义：它代表的是尊重、关爱、理解、宽容，甚至更多……

如今，当我在灯下把这个故事写下来时，我的心依然在隐隐作痛，为自己的残忍，为自己的鲁莽……

老师不是万能的

◇ 朱小凤

因为幼儿年龄小，自理能力差，自主性弱，凡事都要报告，所以都把幼儿园的老师或小学低年级的班主任称为保姆。我说，小学老师，甚至是小学高年级的老师，也是如此。这不，今天，我就接到一位家长交给的任务——劝服中药。

原来，我班的女生张某，身体不适，家长领着去看中医，但她坚决不肯喝中药，于是，家长一大早便拿着一瓶中药交给了我，要我无论如何要使她喝下去。看着家长恳切的目光，想着张某前些天因天热而气喘吁吁，双手不由自主地颤抖的情景，至今仍心有余悸，于是，我毫不犹豫地接受了这个并不艰难的任务。

但是，事实并非我想的那么简单。

一下课，我把她请进办公室，一边倒药一边说："中药对身体没有副作用，又有利于身体康复，你爸想得真周到。"说完，她便接过杯子，我就埋头做我的事情了。可是，大约五分钟过去了，我见她还没离开，便仔细打量起来。只见她愁眉苦脸地端着杯子，放在小嘴边抿了又抿，但只是嘴唇与杯子碰了一碰，丝毫未见水位下降。于是，我就讲起自己喝中药的经验。"张××，你只要闭着眼睛，咕咚咕咚喝下去，喝完再喝些开水，就没事了。你如果一心想着它苦，即使药喝到嘴里，也吞不到肚里的。"她听我这么一说，稍喝下几滴，大约四毫升。上课铃响了，我说："我去上课了，你喝完了药进教室。"就这样，一小杯中药，快下课了，才见她很不高兴地走进教室。这杯药，她喝了将近四十分钟。

虽说中药很苦，但苦口良药的道理，作为各方面都很优秀、乖巧、懂事的张某来说，我想，她早就明白。所以，她应该理智地把药喝下去。可是，为何出现这种难以下咽的情况呢？这使我不由得想起她上气不接下气的第二天，她爸爸对我说："昨天去医院，各方面检查都很好。我看，是她平时太挑食所致。在家里，这样菜不要吃，那样菜不要吃，挑食得不得了。"可见，在家里，她是相当任性的，所以，出现了上面的一幕。

那么，是什么促使她如此任性呢？我曾经目睹一位四岁男孩很干脆地喝完更多的中药。并不是这个小男孩不怕苦，而是该家长给了这个男孩一个坚决的态度——必须喝下去。我想，当孩子遇到困难退缩时，做父母的应该鼓励孩子克服困难，取得成功。在这个过程中，除了需要和风细雨的诱导，有时更需要"司令"般的厉声命令。

然而，现在许多家庭都是独生子女，深受父母宠爱。瞧，父母穿的是小商品市场的服饰，孩子穿的是“青蛙王子”等品牌童装；父母吃的是面条、快餐，孩子吃的是肯德基汉堡包；家长不小心说错会向孩子点头哈腰，而孩子犯下严重错误也决不低头认错，家长也便虚怀若谷，得饶人处且饶人。回首多年与家长们交谈的情景，没有哪一个家长不千叮咛、万嘱咐、严格要求，也没有哪一个老师不牢记着家长们的嘱托！

看看身边一个个独一无二的生命，一张张灿烂可爱的笑脸，一副副自负而又自嘲的表情，现代化的家长啊，您营造了平等、民主的家庭氛围，但千万不要溺爱孩子、放纵孩子，除了做孩子的家长，孩子的朋友，也要做孩子的严师。否则，家长还有可能要请中学、大学老师劝服中药。再说，这病如果发作在暑假里，难道您还把药送到老师家里不成？老师并不是万能的！

教育，究竟是为了钢琴，还是为了孩子？

◇管文锦

早上，我习惯地打开琴盖，准备练琴时，忽然发现里面塞着一张小纸条：

管老师，昨天是我动的钢琴，不知道为什么就是盖不好琴盖。您发了火，我怕您骂我，没敢站起来承认。我很难受，现在我向您承认错误，以后我再也不动琴了，我保证！

请您原谅我！

您的学生：顾辉

我不知道该如何形容自己的心情，眼睛一下子湿润了。这架钢琴是村里的一个民营企业家捐赠的，对于一个只有6个班的农村小学来说，它近乎一件奢侈品。校长曾对我说过几次，不要让小孩子弹，以免他们不小心损坏这昂贵的东西。知道来之不易，我极爱惜这架钢琴，平时常常擦拭它，也一直告诫孩子们决不许碰它。可是昨天，我上课的时候，发现琴盖没有盖好，被谱架搁住了，明显有学生动过。为了“杜绝”此类事情再次发生，也为了维护我的尊严，我雷霆大发……

面对这张纸条，我落泪了。

一个才三年级的孩子，一个勇敢、诚实的孩子，一个质朴的乡下孩子，他宁可选择被老师责骂，却不躲避完全可以躲避的错误的惩罚！一个从来没有碰过钢琴的乡下孩子，他只是想听听自己的手指能弹出什么样的音色，他只是好奇，只是好奇啊！不是对老师的蔑视，更不是为了破坏！可这一点点的尝试给幼小的他带来的却是难以名状的恐惧、痛苦……可怜的孩子，当我课后把这件小事抛在脑后的时候，这个孩子一定还在受着“错误”的煎熬，一定还在忧心忡忡中一分一秒地度过。

我究竟做了什么呀？我是一个多么不称职的老师！“教育无小事”，我的教育究竟是为了钢琴，还是为了孩子？我的心里懊悔极了。

我想起，每当我分配卫生任务，总有好多好多孩子一次又一次主动向我要求擦拭钢琴，而每次被我拒绝时，孩子们的失望与惆怅写满一脸，总是怏怏不乐地离去；我想起，在我练琴的时候，教室外常常站满怯怯的孩子，眼睛流连地望着钢琴……我为什么没有想过满足他们内心深处的一个最简单、最迫切的愿望：老师，我们好想好想碰碰钢琴啊！

坐在琴凳上，我泪流满面。

那节音乐课上，我让孩子们排好队，一个一个握着他们的小手，敲击出美妙的音乐，不，那不只是音乐，那是一个个乡下孩子战战兢兢地叩着音乐殿堂的门，那是一个个美丽的梦在流淌……孩子们的表情是庄重的，每个孩子都全神贯注地注视着黑白键，小心翼翼地触摸着，感受着。我告诉他们怎样放琴盖，怎样把谱架轻轻放下，怎样踩踏板，怎样擦拭钢琴。

现在，每个孩子都会弹奏音阶了，让所有的琴键“一气呵成”地“行云流水”——是他们最过瘾的练习了。每当这时，透过他们兴奋的笑脸，我仿佛听到花开的声音，那是一朵灿烂的音乐之花！

现在，我们村小学已成为“音乐”特色小学，竖笛等音乐表演多次获得市领导的好评。我庆幸那张纸条带给我的“觉醒”，它让我懂得孩子们的音乐之梦中有着生动的生命律动和音乐种子萌发的战栗！

孩子，难说真话

◇ 曹月琴

人们常用“童言无忌”来形容孩子。认为他们敢于说真话，不会察言观色，投其所好。以前，我也是这么认为的。最近，一次科学测验，却改变了我的看法——孩子（四年级），不再“童言无忌”，他们已难说真话了。

这次科学试卷上有这么一题，“学期快要结束了，最想对你的科学老师说些什么，请写下来！”其实，这是一道由学生来评价科学课、科学老师的题。说实话，这学期的科学课，我实在上得不怎样。虽说教书好几年了，却从未给孩子们上过科学课。这几节科学课，还是领导看我刚休完产假，照顾给我的。第一次上，肯定笨拙，不知所措，事实也是如此。学校实验室仪器少，选实验材料时，总是找不全。于是，好些实验就从我的科学课上“溜走”了。我想：孩子们这次来评价，肯定有不少意见、建议，其中也不乏批评。我要认真地倾听一下孩子们的心声，自我改进。

在办公室批阅学生试卷时，却发现学生的答案“千人一面”，大部分写的是：“谢谢您，老师！”意外，与我设想中的各种意见、建议，根本沾不上边。和办公室老师谈起此事，发现别的班也大抵如此。这题是主观题，没有“标准答案”，回答应是丰富多彩的。可孩子们为什么大部分写了这客套的、甚至是圆滑的、不显山不露水的话呢？这“谢谢您，老师！”是孩子们的真心话吗？答案是否定的。那孩子们为什么要这么写、这么说？我迷茫，百思不得其解。办公室老师却是一语中的，“为什么？说好话讨老师欢心，给老师留个好印象呗！”

为了讨老师欢心，所以难说真话。那么，这种难说真话的现象在校园是偶然的吗？还存在类似的现象吗？另一个事例浮于脑海：学校很重视常规教育，在校内外都有红领巾监督岗成员和老师值班。发现哪班学生违纪，扣哪班的常规分。可当许多学生在校内外违反纪律而被发现时，他们往往不说自己真实的班级与姓名，而是以另外班级其他学生的名字代之。为了“班级荣誉”，所以难说真话。

孩子难说真话，它的“源头”在哪呢？我反思教育、教学，试图从中找出端倪。一幕幕场景在脑中涌动：

1. 上级领导要来学校检查了，其中一项就是与学生座谈，了解学校情况。于是，各个班主任忙开了，选好座谈学生（乖巧而听话），搞“模拟座谈”，这题该怎么回答，那题该怎么说。总之，“一切为了学校荣誉，不利于学校的话绝对不能说”。

2. 要开公开课了。为了给听课者呈现一节“精彩的”、“完美无缺”的课，使听课者“听有所值”，执教者提前作了精确的教学设计，多次彩排，精确到问题由谁回答，怎么回答，天衣无缝，无懈可击。

我们平时经常教育学生做一个正直的人，说真话的人，但我们是否想到，当教育者自身也在撒谎、欺骗时，是不是给学生一种这样的暗示且诱导着学生人前一套，人后一套呢？孩子难说真话，固然有其社会根源，但教育此时此刻应做些什么，值得我们深思。

“宁要真实的丑陋，不要虚假的美丽”。希望当《皇帝的新装》中的故事在我们周围发生时，孩子们能大声地说出：“其实，他什么也没穿呀！”

孩子，请接受我的道歉

◇ 张曼凌

下班铃刚刚响过，手机就响了，一接听，原来是丁思源的母亲，她说：“张老师，丁思源回到家，就一直哭，我问了好长时间，他才说是因为他没被选上美术展示课……”听得出，她说话时，心情很激动！

我校的美术教师高老师，要参加全省“美术教学新秀”教学大赛，赛前曾经用我们班学生试讲，效果特别好，给听课老师和领导都留下了深刻印象。他在省里参加比赛时成绩非常好，被评为“美术教学新秀”。回来后，他对我讲，正式比赛那天效果没有在我们班试讲的效果好，他对我班学生评价极高。比赛结果出来后，市里要他上一节汇报课，于是，他又重新准备了一节课，还想再用我们班展示。

由于汇报展示课上学生位置有限，高老师请我帮他找40个学生，我就从前往后，点了一些上课经常发言的学生站起来，高老师帮他们分了一下组……因为，周一要进行期末考试，所以这事很快就被我淡忘了！

现在听丁思源的母亲说，孩子回家因为没被选上这节美术汇报课而哭泣不止，我突然为自己的草率决定而感到惭愧，我在无意间伤害的又何止是丁思源一个人呀？有29个孩子没被选上，他们是不是都在家里哭泣呢？

在我眼里，那只不过是一节美术汇报课，如果是语文或者是数学课，我会想办法让孩子们都去上课的。可就因为是一节美术课，我首先就把它定位在可上可不上。可在孩子眼里，那是一种荣誉，是老师对他们的信任！他们去上课代表的是班级，是学校！丁思源的母亲继续说："丁思源说，没被老师选去上这节课，一定是因为他在老师眼里不是好学生！"听了这句话，我的心又一次被刺痛……

我心里一直不明白，为什么这种展示课总要规定学生人数？为了保证课堂教学效果，就以剥夺一些孩子上课的权利作为代价吗？

拿着话筒，我非常诚恳地对丁思源的母亲说："今天这件事，是我做得不好，请代向丁思源说抱歉，并告诉他，在我眼里，他始终都是好学生……"

放下电话，我知道，明天我该如何解决这件事情。孩子，请接受老师的道歉——很多时候，是你们让老师知道如何选择才是正确的！

爱的遗憾

◇马　玲

他叫钱浩，矮矮的个子，胖乎乎的身材，眼睛不大，眼珠却很灵活，两颗黑亮亮的玻璃球总是骨碌碌地转。

他是一个天赋极高的孩子，有着超强的记忆力和表达力。

学习《我要的是葫芦》时，他就那么侃侃而谈："这个人真是太傻了，他不懂得叶子和小葫芦之间的关系，葫芦根从地底下吸收营养，葫芦叶进行光合作用，葫芦藤把它们传送到葫芦的各个地方，就像一个加工传送营养的工厂，最后生产出可爱的产品——小葫芦。可是，他不管葫芦叶，工厂都没有了，怎么能收获到产品呢?”引得听课老师唏嘘不已，这孩子，怎么这么聪明。

一次课堂上，我们说起了蝴蝶，马上班里成了他的新闻发布会：

“金斑喙凤蝶生活在山地海拔千米以上的阔叶及新叶常绿中，飞翔速度很快，很少停下来休息，常在树顶上绕圈飞行，有时急下地面访花吸水，又立即冲上天空。”“荧光裳凤蝶被公认为全世界最美丽的蝴蝶之一。该种雄蝶后翅的金黄色，在逆光下看，会呈现出类似珍珠在光照下反射出的变幻光彩。随着光线角度的变化，有青、绿、紫色在变幻。”……

听着这一段段专业性极强且又非常绕口的语言从一个刚入学不久的孩子口中喷薄而出，我惊喜之余不禁问他，怎么知道这些的。他说，因为身体不好，所以从小就很少出去玩，在家里就大量地看电视、看书。于是，我在喜欢的同时对他又多了一些怜惜，事事都照顾他，其他学生对我这种明显的偏爱也并无非议，因为他就是那么一个可爱的小弟弟呀!

他是一个笑话大王。那两片厚厚的小嘴唇一张，一串串令人捧腹的话就翻着跟头滚了出来，同样一句很平常的话，从他的嘴里一出来，就那么不可思议地充满了笑的细胞。

他又是一个小思想家。直到现在我还清楚地记得二年级时他就写了一篇《雪，我恨你》的文章，指出了雪花美丽的外衣下掩藏着污浊，抨击了雪花的冷酷无情，那辛辣的笔锋令我现在回想起来还感慨不已。校门外摆放的小吃摊，那令同龄人流连忘返的地方，对这个馋猫是多大的诱惑，可是，他却写下了《校门口的小摊围不得》，开了班级研究性学习的先河。稿子发表了好几篇，像大人一样，就有一些来信说要把他的文章收入书中，他很冷静，又写出了《名人的烦恼》……

我们班是“中石化九五教育重点实验课题”《中小学生智力开发与研究》中一个子课题的承担者，主要通过培养学生的记忆力来达到智力水平的综合提高。经过一个学年的实验，我们班的学生已经能在两分钟内熟记20个互不关联的词语、句子，并且正背、倒背、抽背如流。

钱浩，自然是其中的佼佼者。我们为全国各地的来访客人表演过，最让人难忘的是1998年河南省素质教育现场会在我市召开时，省教委马主任将了

我们一军，第一次的表演不算，重新出题，可是都是些什么词呀：博斯腾湖、革兀喇草、VCD、罗浮宫……古今中外的人名地名、英语单词全都上来了，而孩子们才刚刚上二年级，很多连听都没有听过。在我们紧张的目光中，孩子们经受住了考验，尤其是钱浩，表现得那么出色，当马主任以无比兴奋的语气问他能不能把你是怎么记住的告诉他时，场上的空气又一下凝固了，大家都紧张地看着钱浩。可是，钱浩，这个 8 岁的可爱的男孩啊，他就那么轻轻地竖起一根手指，放在嘴边，然后把清清楚楚的一句话送进了每一个人的耳中：“这是一个秘密！”掌声雷动，多么聪颖的孩子啊！

而我们师生之间，又是多么的和谐默契啊，在他手臂骨折去往医院的路上，他就那么软软地靠在我的怀里，好像在妈妈身边一样。我每次买了什么好吃的，也不忘给他留下一份。

我实在是不能不宠爱他了，所以每当他误了作业或者字迹潦草的时候，本想狠狠地批评他，可是一看到他可爱的脸庞时，心就不觉软了下来，“严格要求”的鞭子总是高高举起，可是一次也没有落下来。这样一直到了毕业。

去年暑假，已经上中学的学生又回来看我，月光下，他们在草坪的小亭子上点燃了许多彩色蜡烛，烛光悠悠，他们欣喜地汇报着在中学的生活，当问到钱浩时，林大钧马上说：“又被老师批了，没好好写作业。”看着钱浩神色顿失的小脸，我的心忽然被刺痛了，“教不严，师之惰”这句千年古句一下子那么深刻地刺在了心里。我拉过钱浩，无限后悔地说：“钱浩，教过的学生我最大的遗憾就是你了，我应该对你更严格一些，这样你会更加出色的。你能帮老师挽回遗憾吗？”他点了点头，没有了往日那种嬉笑的神态，多了一份庄重。

现在，当我再面对那些聪明伶俐让人喜爱的孩子时，总在问自己：“爱孩子，应该怎么去爱？”

因宠爱铸成的错

◇ 罗开英

10 年前，我大学毕业。带着一身稚气成了一名中学教师。很快，我的亲切、我的真诚、我的爱使我的身边常常围着一大堆学生。

在这之中，最得我心的是我的英语科代表——一个名叫朱娟的女孩子。她是老师眼中优秀学生的典范：学习好，遵守校规校纪，工作积极，对人有礼貌……她和我处得既像师生又像朋友。不到一个月，她便从学校的宿舍里搬了出来，成为了我“小家”中的一员。很多老师都以为她是我的妹妹。

说实话，我是真的把她当成了自己的妹妹了。照顾着她的日常起居，关心着她的学习成绩。甚至，我的钱丢在抽屉里也从不上锁。有一次，刚领了工资没几天的我想拿点钱用，可是却发现抽屉里只剩下几十元钱了。我左思右想，只有朱娟取走的可能了。我很生气，觉得她这样做不好。但是我却没有追究下去。我想也许她有什么急用吧，这件事就这样不了了之了。

不久，班里收校服费。班主任叫班长收齐后再交到他那里。课间操时，班长把钱放在了书包里，可回来后就再也找不到了。经过详细的调查，整个过程很简单：当天有四个人没做操，两个在厕所里，互相可以证明，一个生病没来上学，还有一个就是朱娟。当一切公之于众的时候，朱娟受不了同学们的目光，辍学回家了。

从此以后，我的课上就再也听不到朱娟流畅悦耳的英语声了。我的心里很失落。几年后，我从朱娟同学的口中得知，朱娟辍学后便没有再读书了，到广东打工，生活很不如意。内疚与悔恨更是撕扯着我的，因为我的错误，毁了一个优秀学生的美好前程。我常想，其实我才是那场错误真正的罪魁祸首，正是有了我第一次的姑息才会有朱娟第二次的错误。

我也深深地体会到，教育工作是一个神圣的职业，老师的教育对一个学生的影响是巨大的，甚至可以改变他的一生。教育学生仅仅有爱是不够的，还要有科学的教育方法。

第一次只有一次

◇路　兵

那时我才开始工作，教两个班的语文，并当一个班的班主任。

第一次作文课，题目是《我第一次……》，要求学生补充好题目，然后写

写自己熟悉的生活。这个题目应该是非常好写的，我对学生充满期待。收上作文后我就读了起来，我陶醉在对学生的想像之中。因为不管作文写得好或不好，写与读是一种很好的交流，这些作文可以使我了解学生，使我认识他们的内心，从他们第一次做的事情中了解一些他们不小心透露的情况。

忽然出现了《我第一次来月经》这样一个可怕的题目！我可想不到学生会写出这样一篇文章，真的难以想像。我不由得说出了声："真是的，怎么会有这样的学生？"我并不知道如何对待这一篇文章。其他老师也开始好奇地谈论，谁会相信有这样开放的学生？文章内容应该说还是不错的，写自己第一次来月经以前妈妈就准备了一些东西备用；来了月经以后，妈妈细心为"我"指导，晚上睡不好觉，为"我"讲解，安慰"我"，使"我"从中感受到妈妈对"我"无私的爱。内容没有什么，但这样的字眼又怎能登上大雅之堂啊！要是这篇作文被别的同学特别是男同学看了，他们又会怎样想呢？

我决定撕下这几页，让她再写一篇。下一节作文课时，她拿到了自己的本子，马上就站起来问我："老师，为什么您撕掉我的作文？"我没想到她会问我，而且如此直截了当。我只能说："没什么，你再写一篇吧。"她不罢休，又要问的样子，我赶忙说："赶紧坐下吧，再写一篇，你的那一篇不行！"她很不情愿地坐下，而同学们都在疑惑地谈论些什么。

她后来好像知道了些什么，显得有点害羞，每次上课都低着头，课下也从未正眼看过我。我还是不敢找她说些什么，也不知道该说些什么，好像交谈起来会面对一个赤裸裸的东西，心想也许让它自然消失更好一些吧！我没有想到她心地的纯洁，她对生活的真实，我简单地以为羞于启齿就可以放弃，我也根本不去想学生之间会谈论些什么，因为学生不可能知道些什么。

直到有一天，我突然发现她已经孤僻到不抬头、不说话、不与其他同学交谈的地步了！这是我难以接受的，我做梦也没想到一篇作文竟然引出这样的事来，因为我知道那篇作文及内容，只有我知道，是我"保护"了她，我没有做错什么吧！到了这一步，到底与我有什么关系呢？后来我不经意间才听学生谈起这件事，当时有人认为她写了一篇流氓文章，被老师撕了。她伤心，她难过，她要退学……后来幸好没有发生什么，因为学生还小，大家也没有什么对不起她的举动，她才能在学校里待下去。因为她对谁也没有再说什么，也不可能说什么，但……

人生的第一次只能有一次，每个人都是，所以每一个人都想表演好这第一次，我第一次上作文课，她与我的第一次交流，她的第一次人生经验，她表达的第一次真实的生活，而那个第一次却成了让她伤心的第一次，也成了我非常失败的第一次——我承认是自己痛苦的真正的失败，我能得到她的原谅吗？不可能。

我只有思考，不停地思考，才能在心潮的波动中寻求心理上的一点所谓平衡……

第五章

明灯指路

“金钱和废纸屑的分量相等”

◇ 陆友松

（一）

放学铃刚响，一位胖胖的男孩直冲我怀里撞。“一定有什么事情”，我已经习惯了队员们慌张的作法。男孩气喘吁吁地说：“老——师，我捡到了一只皮包……”我忙给这位可爱的小男孩让座，一边表扬他这种拾金不昧的精神，一边和他一起清点包内物品。“现金一百元，发票三张……”，小男孩在清单上高兴地写上了自己的姓名，一蹦一跳地下楼去了。

第二天，我在学校晨会上表扬了这位胖胖的男生。少先队大队部授予他一枚雏鹰奖章，同学们都尊称他为“拾金不昧的好少年”。

（二）

一个下午，大风刮得呼呼作响。不知是哪位粗心的同学倒垃圾时不留神，将垃圾撒得满楼梯都是。我刚准备捡拾，突然发现一位背着书包的小女孩正弯着腰，一张一张捡着废纸屑，紧紧地握在手里。一楼、二楼、三楼，终于捡完了。小女孩微微一笑，露出了两排洁白的牙齿……

第二天，我也在学校晨会上表扬了这位可爱的小女孩。少先队大队部在我的建议下，也授予了她一枚雏鹰奖章，我送了她一个雅号——“清洁小天使”。

这两件事情过去了很久。有一天，我正准备备课，一张精致的小纸条突然从书间飘落了下来。上面写着几行工整的铅笔字：“老师，捡拾几张废纸屑和主动上交捡拾到的皮包同等重要吗？”小纸条是那位捡到皮包并上交的“拾金不昧的好少年”写的。这着实让我吓了一大跳，想不到事情隔了这么久，这位小男孩还“耿耿于怀”。我突然意识到在同学们的心目中，这两次表扬、这两枚奖章、这两个雅号的分量是不一样的。

索性，我把这两个故事讲给我的队员听，听听他们的看法。果然不出所料，同学们大都认可胖胖的小男生。我觉得这事情非同小可，于是我便请示校长召开一次校会。校长欣然同意了。校会开得很成功，我什么都没说，只

是将这两个故事讲述了一遍，接着请高年级队员贴出横幅标语："捡到了什么?"

队员们的热情很高。有的说他（她）捡到了自尊、捡到了自信心；有的说他（她）捡到了红领巾的风采、捡到了小队员的骄傲；还有的说他（她）捡到了优良的品质、捡到了不朽的光辉思想……

校长的结束语一定能让队员们终身受益："金钱的分量很重，但废纸屑的分量也不轻。一个是拾金不昧的好少年，一个是绿色校园的清洁小天使，假使把他们放在天平的两边，他们的重量永远是相等的。记住，或许你只做了一件微不足道的小事情，很平凡；或许你做了一件惊天动地的大事情，很伟大；但是，你们同样值得每一个人学习，值得每一个人骄傲……"

兑现承诺

◇黄　春

两个星期前，我们初二备课组发起了学生征文竞赛活动。为了班上的学生作文能够取得好的成绩，更为了激发他们的写作热情，我许诺：学校评奖，我也要评奖，准备选取十篇，奖励奖励。

听了我的话后，同学们嘴上嬉笑着："说说看，你奖励什么呀？我想要个笔记本。""最好奖一辆赛车。"我知道学生们在和我调侃，混乱了一阵后，教室里一时静了下来，同学们进入了写作状态，有的咬着笔杆，有的蹙眉思考，有的奋笔疾书。孩子们正铆着劲儿呢，我隐约觉得他们写作时的专注态度提高了。明知道我的奖励不值一提，无非是一本软面抄，或是一支圆珠笔什么的，可大家不能忽视荣誉。荣誉无价呀，同学们看重着呢！

果然，检阅作文时，质量有所提高，挑选了四篇送教导处。其余每班又精心选择了十篇，另外三篇看看不错，也放在入选之列。

这个星期，评奖终于揭晓，我们两个班传来喜讯，得了一个一等奖，两个二等奖。高兴之余，该兑现承诺了。我掏出五十大洋，到文具书店一股脑儿买了二十七本彩面抄。在每个本子上写上一两句谈理想、谈意志、谈人生的名言警句，然后在教导处刻好大红的"奖"字。

上课前，我拿着奖品走进教室。眼尖的同学早就猜着了八九分，眼睛里闪着渴盼的目光。坐在前排的两位同学忍不住连声问我：“老师，有我的没有?”

我微笑了：“同学们，告诉大家一个好消息。经过认真、客观、公正的评选，我班的小云、慧慧、姣姣在初二年级作文竞赛中分获一二等奖。另外，我也从班上精选了十篇文章，设了一个优秀奖。希望获奖的同学继续努力，向更高层次发展，平时的习作如果达到发表水平，我可以与编辑联系，推荐你们的文章到刊物上发表。我在这里承诺，如果以后有谁在刊物上发表作品，他收到多少稿费，我可以另外奖励他多少稿费。现在请获奖的同学上来领奖，领证书。”

嘿，虽然只是一个小本子，微不足道，可这一次，我也尝到了当颁奖嘉宾的味道。每一个被报到名字的同学，都喜气洋洋的。对于意料之中的，其他的人就投去羡慕的一瞥，对于意料之外的，他们就夸张地惊呼一声：哟！他……怎么也得奖了？语气中有一丝疑惑，有些许嫉妒。我则说：“好好努力，好好努力，以后我还要多多地搞这样的活动：演讲、默词都是可以比赛的，机会不要太多哟。这一次他们的作文水平确实要高一点，不信，你们自己来评评看。”

最后一本本子颁完了，我带头鼓起了掌。这次征文比赛圆满结束，先进的得到了奖励，后进的看到了榜样，而我则完成了承诺，轻松无比。

老师，你的板书太乱了

◇ 宋明月

这是一节《年、月、日》的练习课，上节课我和四（3）班的同学一起学习了时间单位一年、月、日、世纪、季度的知识，课后布置学生通过各种方式了解其他时间单位的知识。于是今天一上课，我就问学生：“关于时间单位，你已经知道了哪些？”

学生们出色的表现让我感到意外，有些我在课前都没有设想到，甚至有些是我还不知道的内容。学生视野的宽广，让我震惊，也让我欣喜，我们不能忽视这些重要的课程资源。我把学生们说的要点按回答顺序都写在黑板上。课刚过半，黑板上已经写得满满的。

这时从底下冒出来一个声音："老师，你的板书太乱了！"

我回过去望了望自己的板书：内容确实有点多，因为今天学生的表现实在太好了；书写确实有点乱，因为我没有按照备课来书写，而是让学生指挥我。平时我可是对板书一丝不苟的，学生在课即将结束的时候往往根据我的板书来总结自己学会了什么，今天的板书看来是不行了。

我调整了一下自己的情绪，既然是学生发现了这个问题，那还是把这个问题"踢"还给学生吧！

"这位同学说得非常好，关于时间单位的知识这么多，这样的板书不利于同学们理解和记忆，老师不如把它擦了吧！"我刷刷几下就把板书全擦了，黑板上一片空白，学生们都不解地望着我。

"你们认为老师的板书应该怎样写？"

"要有一定的顺序！""可以按时间单位的大小顺序写！"学生的回答给了我一些提示。"下面我们就把已经了解的时间单位，按从大到小的顺序排一排。"

随着学生的发言我重新板书：

世界通用：世纪年代年季度月旬星期日时分秒

中国特有：甲子时辰

"老师，我们还可以在两个单位之间画一些线，标出它们之间的关系。"

随着学生的回答，我在有些单位之间画了一些红线，板书如下：

(365、366)

10012（31、30、29、28）

世界通用：世纪年代年季度月旬星期日时分秒

10104337246060

中国特有：甲子有60年1个时辰有2小时

这时，下课铃响了，"同学们，今天我们一起归纳了关于时间单位的知识，大家教了我一个好的方法，把这些时间单位和它们之间的关系记牢。老师谢谢大家！"

这节课学生让我学到了很多，在惊叹学生的知识面和学生能力时，我开始反思我们的教学。新知识是学生自我构建后获得的，新知识建立起来后，必须纳入到原有的认知结构中才便于记忆和提取，于是就有学生提出了建议“老师，你的板书太乱了”。教学本身就是一种服务——为学生服务。我充分体现教学的民主，通过板书的过程，使知识结构化，便于学生记忆和巩固，促进学生的认知发展。

“花大姐”的故事

◇张　颖

一个秋日晴朗的下午，我带领着学生在操场上训练队列。当我正严肃地训练学生的站姿时，一只“花大姐”落在我的衣襟上。学生一看，霎时乱成一团，指着我衣襟上的“花大姐”，惊恐地喊道：“老师，你看，‘花大姐’，‘花大姐’……”话音刚落，有的学生身子缩成一团，有的发出一阵阵刺耳的尖叫声，有的索性大胆地告诉我：“老师，赶紧轰走吧！”然后，就抡起胳膊，我见状，马上做出阻止前行的手势，镇定地笑着说：“不要打扰它，它喜欢我，就让它在我身上休息一会吧！”刹那时，学生变得鸦雀无声，纷纷回到自己的位置上，重新站好队，再没有人惊恐，再没有人议论。“花大姐”也悄无声息地飞走了，我长长地舒了一口气。

第二天，一位家长来到班级，告诉我：“昨天我家孩子跟我说，在操场上站队时，一只‘花大姐’落到了老师身上。同学们吓坏了，可老师一点也不害怕，还说：‘不要打扰它，它喜欢我，就让它休息一会吧！’孩子还说：‘妈，你看我们老师多幽默！’”

可爱的学生对我当时的表现及做法给予了“高度的评价”——幽默。虽然，这个词形容我当时的话语并不合适，但这确实是这个学生当时最深的感受！那别的学生又有何感想呢？

试想，如果当时我惊恐地喊叫起来，吓得抱头鼠窜，或用手急忙轰走那只“花大姐”，那么这样的做法会给学生带来什么样的感受和影响呢？我想那肯定不是“幽默”了吧？学生再次见到“花大姐”，或是别的什么东西落在别人或自己身上时，是镇定自若地轻轻拍掉，还是慌张地惊叫呢？我暗暗地

为自己当时沉着镇定的做法感到高兴。

我觉得一名教师的言行对学生来说很重要，教师的言行会像种子一样深埋在学生的心田，在那里生根发芽，并终身难忘。

爱的接力

◇ 王道明

上高中时的潘老师家境十分困难。因为高中只有县城才有，所以他和妹妹必须住校。高二那年，潘老师的父亲得了一场大病，丧失了劳动能力，这对本来就困难的家庭来讲更是雪上加霜。潘妈妈每月送的生活费也只够比他小一级的妹妹用的，但懂事的潘老师总是撒谎说生活费够用，让妈妈别担心。

潘老师是个正直的小伙子，但饥饿的肚子不认识正直这两个字。于是，潘老师就用木块私自刻了一枚有“饭票”字样的印章，抹上红墨水，给自己做了一叠假饭票。这事情直到三个月后才被同学揭发，同学告诉了班主任，班主任又觉得事情重大，告诉了校长。校长姓胡，是个教学严谨但非常和善的瘦老头。

胡校长把潘老师请进办公室后，问他，为什么做假饭票？潘老师就把父亲生病，家境如何困窘的事说了一遍。

你是个懂事的好孩子，胡校长说了一句。然后他让站着的潘老师坐了下来，自己在办公室来回踱着步子。他在思考怎样惩罚潘老师，批评一顿，或罚点款，要么开除，这些都令潘老师很担心。过了一会儿，胡校长对潘老师说：“这样吧，我最近在写一本有关教育的书，需要有人用楷书将草稿抄在方格纸上，你是否可以帮我这个忙？”潘老师想都没想就狠劲地点头。

“好，既然你愿意帮我的忙，我也应该付你报酬才对呀，每天替我抄三张，报酬是三张饭票。”

“不行不行，这怎么能行呢？忙我可以帮，可我怎么能要您的饭票呢？”

“劳动了，就应该得到报酬，这是天经地义的事情。好了，就这么定了，从今天下午就开始。”潘老师再也没有得到辩解的机会。

于是，每天下午吃完饭，离上晚自习还有一个小时的时候，潘老师会准时来到胡校长办公室抄书稿。校长每天给潘老师的三张稿子，半小时就抄完了，然后，胡校长就让潘老师看他书架上的书，或者让潘老师趴在他的办公桌上温习功课。令潘老师感到奇怪的是：大多数情况下，胡校长只让自己抄一两张，到了每学期期末，有时连一张的量都不到，但三张饭票不会少。

后来，潘老师考取了大学。

毕业后的潘老师应聘到上海一家外资企业，做了一位白领，月薪两万多。一有空闲时间，潘老师就去逛旧书摊，希望能猎获一点有收藏价值的绝版图书。这是他从大学起就养成的习惯，严格意义上说，是他接触了胡校长丰富的藏书后产生的想法。只是因为那时太穷，想法只能是想法，无法变成现实。有一年冬天，潘老师在一次逛旧书摊时，瞥见了一个他非常熟悉的书名。他顺手拿起，翻了翻，真是他为胡校长抄的那本书。出于猎奇的习惯，他又翻了一下出版日期。这一翻使他傻了眼：原来，这本书在他抄的一年前就已经出版了。

潘老师热泪盈眶。那天晚上，潘老师失眠了。从上大学的那天起，他一直在思考着，人的生命的价值和意义到底是什么？他找不到，虽然白领的日子紧张而舒适，很多人都羡慕，但他这个农民的儿子始终觉得自己在空虚地生活着。

一个月后，他就辞去了上海的工作，回到了身处农村的母校。几经周折，当了一名高中英语老师。

让课堂充满快乐

◇ 董荣森

在一个炎热的夏季里，我去参加新课程培训，也许在曾经的教学生涯中，太少变故，对于课改，我似乎并不热衷。私底下我依然在暗自思忖，课改到底要改些什么？

也许是北京专家的报告真的很感人、很生动，也许是新教材真的很精彩、很创新，此后的日子里，我一遍又一遍地读那一本《课程标准解读》。在无人的夜里，我把自己从教十几年来得与失细细地想来，终于，我告诉自己：不

改变就没有进步。

在新学期的秋天里，我带着复杂的心情，走进了课改的教室。尽管对驾驭课堂早已经轻车熟路，但心中依然有着一份忐忑，已经在讲台上辛勤耕耘了十几个春秋的我，面对同学们一双双天真可爱的眼睛，我默默地想：在课改中，拿什么奉献给你，我的学生？

于是自己给自己打气，不是连专家都说，新课改没有固定的模式可循，咱还是摸着石头过河吧。人没有生来就会的事情。我一边学习新课程的理念，一边在自己的课堂上尝试着用课改的理念来改变原有的课堂模式。

过去的课堂教学中，我总是保持着一份威严，在严肃紧张的气氛中，我总在滔滔不绝地讲解，学生们一丝不苟地听讲。曾几何时，那一套固定不变的传统教学方式，也有过不错的教学成绩。可是现在，新课程理念要体现学生的主动学习，教师的角色要来一个大的转变。但是一成不变的教学方式已经不能满足未来社会发展的需要，我毅然决定：就当我是新教师，课改，从头做起！从今往后，我一定要让我的课堂充满快乐！

推陈，固然不易；出新，又从哪里入手？我经过反复思量，决定在课堂上大胆地提倡讨论法。物理学习中，遇到问题鼓励学生猜想，只要有可能，尽量让同学们自己动手，体验物理探究过程，体会成功的快乐。

以一堂光学复习课为例，传统的复习课，大多是教师把知识点复习一下，然后再做几道题目巩固知识。但是我没有这样做。在我的这堂复习课上，没有教师滔滔不绝的讲解，也不需要学生毕恭毕敬的聆听。我仅仅带了一些一次性塑料杯和硬币。给学生的要求仅仅是：利用教师给你的杯子和硬币，以及你现在能找到的东西，设计一些光学小实验，并说说实验中的物理原理。

接着我就把学生分成几个小组，指定小组长后，就放手让学生讨论，动手，课堂气氛非常热烈。不断有学生在讨论和探究中发现问题，我跑前跑后答疑解惑，倒也忙个不亦乐乎。

在学生用的教学辅导用书上有这样一个课外小实验：一只透明玻璃杯中放入一枚硬币，倒入水后，从侧壁看过去，可以看到两枚硬币。在这堂课上，方慧同学在验证这个实验时发现，可以看到的硬币不止两枚，而是三枚。他把这个发现告诉了我。说实在的，在课前我也并没有料想到这个结果。于是我和同学们一起反复探究、讨论，终于弄明白了，这第三个像原来是杯子的侧壁反射形成的。

对于方慧同学来说，这堂课上通过自己的探究过程体会到了发现的快乐，感受到了成功的愉悦，也许这是他一生都难以忘怀的。作为教师的我，既分享了孩子们的快乐，又在自己的教学生涯中描绘了重彩浓墨的一笔。

在课堂最后的十分钟里，师生共同交流总结，把前一段所学过的光学知识一一整理，形成了一个有序的知识框架，复习的目的达到了。在这堂课上，学生提出来的问题和方案比老师预先设想的要多得多，学生学得很开心，他们的个性得到了最大程度地张扬，他们的才能得到了最大程度地发挥，他们的能力得到了最大程度地锻炼。

有了一些经验后，我在以后的教学设计中更加用心地贯穿新课程的理念。有的学生在过去的传统教学模式下，从来没有机会表现自己，也很少敢于站起来发言甚至与人辩论，于是常常会遇到有些学生站起来以后一言不发的尴尬场面。但是我并没有气馁，我总是鼓励他们大胆地说，即使他们说错，也从不责怪他们，而是采用让他聆听别的同学的发言，然后把别的同学的意思再说一遍的方法。慢慢的学生的胆子大了，语言表达能力也大大地提高了。

如今，在我的课堂上没有了死气沉沉，经常传出的是孩子们舒心的欢笑。

在区里组织的课改展示活动上，不少听课教师都有一个共同的看法，就是我的学生特别会说，表达能力超出一般同龄的孩子。其实我的学生不仅会说，而且会写，他们在学习物理的过程中，经常写一些科学作文，龚芸同学的科学作文《点点漫游记》，还在《锡山教育》的网站上发表呢。

课改使孩子们的学习变得更愉快，获得了能力；课改也使我变得更成熟，学会了思考。在业余的时间里，我认真反思教与学的关系，研究如何处理好教与学的矛盾，并把我在课改中的点点滴滴体会记下来，写成论文。一年来，我有多篇论文获得不同等次的奖项。

小草也会疼

◇ 胡雪萍

春天来了，万物苏醒。小草也伸伸懒腰，还没探出头，就遭到了不幸。

每到春天来临，师生们第一件事就是补草坪、设围栏。“如何维护草坪”就成了校领导和老师们最头疼的事，也成了每周的热门话题。校领导真是三令五申，老师们更是千叮咛万嘱咐，甚至少先大队派专人监督、“抓捕”……真是想尽了办法，用尽了招，可就是屡禁不止，仍有很多学生不是在草坪上玩耍、追打，就是推着自行车从容地碾过，围栏对他们也没有起到任何的警示作用。有些老师也会不经意地从草坪上一踏而过。其实，真的不是有心，也不是这样就能少走多少的路，更多的是无意，出于习惯，大概是习惯成自然了。

一天早晨，班主任时老师请假。我进班让大家检举那些曾经走过草坪的学生，并进行了一顿训斥。接着又按周前会的内容对怎样爱护草坪进行了一番规范，说得我口干舌燥。孩子们个个表情严肃，对我的教诲频频点头。可沈露却扭着头，傻傻地瞅着窗外，对我说的话似乎是只字未听。我一看气不打一处来。

“沈露，沈露。”喊了两声，她才有所反应，惊慌地看着我。

“心又飞到哪去了？老师的话你听了几句？”我瞪着她大吼。她默默地看着我，显得更惊恐。

“你说，能不能走草坪？”我的声音又提高了八度。

“不能！”她非常肯定，我的气也消了许多。

“为什么？把刚才老师说的话重复一遍。”我命令着，有意为难她。想借此机会警告她，也显显我的威风。她停了一下，怯生生地看了看我。

“如果踩小草，小草也会疼。”她虽然没有按我的“旨意”回答，声音尽管那么小，却让我全身为之一震。

小草也会疼！多好的理念。只有孩子才能想得出，说得出。

“对不起，老师错怪你了。”我的脸有点发烧，语气温柔了许多。

“那你能给大家说一说，小草被踩疼了，会怎么样呢？”我问。

这时，其他的孩子有点坐立不安了。

“如果踩疼了，她妈妈一定会难过，会哭的。”她的声音更小了。

有几个孩子已经举起了小手。我示意让郇伟起来说一说。

“如果把小草踩疼了，等它长大以后，它肯定会来找你算账。”他的语气十分气愤。

“如果把它踩疼了，它一生气就不长了，学校也不美丽了。”刘晴忙着补充。

沈雪的手举得更高，有点迫不及待，我给她一次发言的机会。

“如果踩疼了小草，小草就会受伤，就会变残废了。等到夏天它看到别的小草长高了，长大了，还能看到花园里的花，它看不到，就会更难受。”

“小草残废了，她妈妈知道后，肯定会来打你。”平时最调皮的徐祥也抢着说。

此时，孩子们不知是害怕，还是担心，都静静地坐着，注视着我。

“那怎么办?”我装作有点为难。

“大家都得要保护小草!”秦乐脱口而出。

“怎么保护啊?”我问。

举手的孩子多了起来。

“我们不能去碰它，更不能去踩它。”郁云说。

“别人要踩它，我就对她说，踩小草，小草也会疼!”平时最少说话的李清也开了腔。

“想个办法，让小草快点长大、长高，就是有人踩它，它也不感觉疼。”徐祥说。

“想什么办法呢?”我接着反问徐祥。因为他在班里最调皮，走草坪是他常有的事。这一回，我可抓住了“把柄”。

他歪着头，想了一会儿。

“让它多喝水，多吃东西。”他肯定地说，还做着手势。

孩子们大笑。

“那样也会把小草撑死。”秦乐反对。

“不如做一个牌子，写上‘小草也会疼’插在草坪上，别人看了，就不会踩它了。”李志也受到了启发。

下课铃响了，孩子们仍在争论。有几个孩子在去厕所的路上，却滞留在草坪边……

草也会疼!这是孩子们的理念，是我们想象不出的，但它却能让我们感到心颤。是啊!我们何不用“小草也会疼”去替代“请不要走草坪”、“请爱护花草”呢?那时，当我们每一个人再从小草身边走过的时候，表现出来的

不仅仅是一个人对常规的恪守和道德上的顺从。

那是爱的丝语和再现。

劳动，原来是可以美丽的

◇ 周红勤

下午照例又要进行全校性的大扫除。中午在校吃完饭后，我踱到班上，看着脏兮兮的走廊和教室，不禁皱起了眉头。得先把走廊擦干净，下午把桌子搬到走廊上，然后才能彻底打扫教室。正寻思着，一抬头看见班上几个在校用餐的男生正在走廊上追逐打闹，我灵机一动，走过去叫住他们，试探性地问："和老师一起把走廊擦干净，行吗?"听了我温柔的命令，几个男生尽管不太情愿，还是拿起劳动工具，和我一道干了起来。

在我的带动下，大家先在地面上洒了些水，继而倒了点洗衣粉，便开始拿出板刷、清洁球之类的工具擦起来。虽说是水磨地面，却磨得极为粗糙，因而很难把嵌在凹缝里的污迹擦去。我也半蹲着和孩子们边聊天边吃力地用铁丝球擦拭。这时，小胖子孙浩人叫起来："周老师，我的塑料刷子最管用，轻轻一擦，污迹去无踪。""真这么神奇?"孩子们纷纷围上来，要拿手里的铁丝球跟他换。我笑着说："没想到工具也大有讲究，只有擦了才知道哪样工具最好使，这就叫劳动出真知。"孙浩人则洋洋得意，带着他的塑料刷子干得更起劲了。不用我指挥，他专拣最脏的地方擦，看来他挺能干的，平时还真没看出来。

中午的太阳还挺猛的，我和孩子们脱去外衣，依旧边擦边拖。这时孙浩人给我两个桔子，我轻轻剥开它，塞进孩子们的嘴里，多出的两瓣给了翟正，这孩子的父母平时极少关心他。孩子们一改往日动嘴不动手的习惯，地面渐渐白了，亮了，露出了浅蓝、淡绿相杂的水磨花纹来。"哦，终于干净了。"我们长长吁了一口气。一直跟在我们后面拖地的吕品向我建议："周老师，擦干净之后再用水冲一冲，就会更加干净了。""行。"吕品急急打来一盆水，倒在地面上。"呀，真的一尘不染。""哈哈，干了之后可以在这儿午睡了。"孩子们兴奋地欣赏着自己的劳动成果。

“快来看呀，多奇妙的景观。”教室里的女生惊叫起来，指着天花板让我们看。可不，洁白无瑕的天花板竟成了一方池面，那漾着的一圈圈涟漪，映着阳光发出迷离的光点，明晃晃地耀人眼。为什么会这样呢？惊奇的学生很快找到了答案，连声嚷着：“是我们的走廊太干净了，刚才吕品把水倒上去，太阳光透过玻璃把水折射到天花板上。”我微笑着点了点头。“哈哈，我们生活在水晶宫里。”“看呀，水面一动一动的，似乎鱼钩触到了水面。我们可以来垂钓了。”孩子们一下子诗意起来。

走廊上来往的学生多起来，几个男生主动而友好地请来回走动的学生靠边走，并连声表示感谢。我知道他们怕别人弄脏了刚洗过的地面，我想，不劳动，怎么会珍惜成果呢？

我们久久地、静静地欣赏着，深深陶醉了，以至后来进教室的学生也和我们一起仰望着这美丽的天花板，被它的神奇所吸引。我的心和这水面一样荡漾起来，我望着孩子们纯真的笑脸，说：“同学们，这么美的水晶宫怎么来的？”“劳动。”听着响亮的回答，我深有感触地说：“是啊！劳动，能创造出美好的境界，画出一片诗意的天空。你们愿意在教室里再次创造美吗？”“愿意。”如林般的小手高举着，我知道这是从心里发出来的声音，谁不愿意做美的使者呢？

事后我常常感叹，真没想到，中午一次偶然的劳动，学生一个不经意的建议，竟使得下午的劳动一下子充满乐趣、充满诱惑起来，竟让我们干燥麻木的心灵一下子湿润、诗意起来。

难忘的“游戈”

◇ 肖盛怀

实习汇报课：《死海不死》。

当我按照指导教师的设计讲完所有的内容时，我舒了一口长气，毕竟是第一次上公开课，再说，是代表所有实习生，并有全校的领导与语文教师共二十多人听课。

当我洋洋得意地扫视着全班同学时，带队的胡老师提醒我，“游弋”的“弋”多写了一撇。

“怎么?”吓得我只冒冷汗，但很快就恢复了镇定。

我灵机一动，在课快结束时说：“同学们，课上老师讲课时故意写错了一个字，到现在还没有同学发现。可见，同学们听课的质量不是很高。最后，请同学们再仔细看一遍板书，看有没有谁能发现?”自然就有学生找出来了。我对那个学生进行了表扬，并对其他学生进行了教育，要求学生们学习要认真、上课要专心等等。

评课时，老师们对此举议论最多，评价也最高，说教师教育无处不在，说教师应变能力强等等。

至今想来，这是一件多么可笑的事！

如果今天我再碰到这样的事件，我会真诚地对学生说：“同学们，老师刚才在板书时写错了一个字，谁来帮老师纠正?”我会主动承认错误，我会真心感谢那个为我找出错字的学生。

我想，我的学生们一定会牢牢地记住“游弋”一词，因为他们的老师曾经与他们共同创造了一个真诚的故事。即使我的名誉会受到那么一点损伤，但是我相信会赢得学生的一片真心。因为，我是真实的。我会借此机会教育学生，错了就错了，只有敢于正视自己的错误，才能不断进步；我会教学生实实在在地做人。教师尚能勇于承认错误，学生能不效仿、学习吗?

虽然，事情已经过去，但它常在我的心底涌起。有时候，教育只是一念之间的事，思想决定行动。教师啊，多读书，多学习一下教育理念，无知与浅薄的一言一行对学生来说，影响是多么巨大。

“千教万教，教人求真；千学万学，学做真人。”让我们以行知先生的话共勉吧！

最“低俗”的初一学生

◇ 李霄峰

男孩今年十三岁，刚上初一。他聪明、开朗，有很高的天分，最近却显

得闷闷不乐。我问他怎么了，他说因为班主任说他是“全班思想最低下的人”，这个称呼就像是被烙铁烙在了自己的脑门上，令他彷徨、困惑、自卑、孤独，班上的同学也都疏远了他。

我很好奇：“告诉我你到底做了些什么？”

他第一次引起班主任的注意是在生物课上。女生物老师在黑板上挂起了一张花的解剖图，用教鞭指着中间那最饱满的部分问同学们：“这是什么？”

男孩极其兴奋地大喊了一声：“子宫！”同学们大笑了起来，女老师的脸也红了，男孩这才发现自己好像叫错了。值日的学生干部将他记上了班级日志：“传播黄色思想”。男孩知道这个干部对他一直不太满意，过去求了半天，干部说好吧，把“传播黄色思想”涂掉了，改成了“扰乱课堂纪律”。

第二次是他和同学路过一家新开的文具店，店里新到了一种圆珠笔，圆珠笔的整个笔身是一具天蓝色的、修长丰满的女性裸体，像《阿凡达》里的纳美人一样神秘又性感，两块钱一支。男孩买了一支，同学也买了一支，当天的数学考试，数学老师路过他，饶有兴致地盯着他手中的笔：“这是什么笔？给我看看。”

于是这支笔被没收了，交给了班主任，班主任同时也是德育处的主任。男孩被叫到德育处，班主任问他为什么要买这支笔，男孩说因为好看，班主任说：“你不是因为它好看，而是因为它是女性的裸体吧？”男孩说：“对啊，女性的裸体当然是好看的。”班主任说：“你这是传播黄色思想你懂吗？”

从德育处的办公室出来，男孩问那个和自己一起买笔的同学：“你为什么没被抓住？”同学说：“因为我压根就没打算把它拿出来用，搁在书包里了。”

第三次是学校组织去公园秋游，男孩和几个好朋友租了条船在湖上划船，发现自己喜欢的女孩和几个女生在另一条船上。男孩们用力划了过去，高呼着让女孩上他们这条船。女孩们觉得这几个男孩非常讨厌，男孩们却更来劲了，往女生的船上泼水，还差点撞翻了她们的船。

有一个女孩把这件事写进了周记本，并联合了其他女孩向班主任告状，说男孩和几个同伙耍流氓。

于是在班会上，班主任拿来了33张空白的A4纸，并非常节省地将它们裁成了两半，发给了全班66个同学，她转身在黑板上写下了九个铿锵有力的大字：“谁是思想最低下的人？”

班主任要求每个人匿名投票，在空白的A4纸上写下自己心目中班上思想最低下的人。男孩心里知道，这是针对自己的一场风暴。全班寂静无声，只有圆珠笔在纸上沙沙作响的声音，像一场真正的考试。他瞟了一眼同座女孩的纸，正写着自己的名字，女孩转头对他笑了笑："对不起啊，不写你肯定不行。"

"每一个人都把我写在了第一位。"男孩无奈地说。后来他当着全班同学的面作了检查，反省了自己的低俗。班主任把这些纸条上的名字在家长会上公开出来，家长们告诉自己的孩子：少跟×××玩！

"那么，你在纸条上写了谁？"我问。

"最令我痛苦的问题就在这里：我也在白纸上写下了自己的名字。"

不接受拒绝

◇胡　英

最近，我偶然读到一本名为《幸运还是聪明》的小册子，写得很不错。这本自传体的小书概述了波·皮巴迪的创业史：他如何创立了"三角架"（Tripod）公司，又如何在网络泡沫破灭之前，以6000万美元的价格将它卖给莱科斯（Lycos）公司。莱科斯将这笔钱以公司股票的形式支付给他。在股市遭受重挫之前，他又将手中一半的莱科斯股份以3亿美元抛出。他究竟是聪明还是幸运呢？

皮巴迪称自己两者兼而有之。足够精明，懂得何时出手，何时全身而退。他也有足够的智慧，知道自己作为后进生，该如何与天资聪颖却不喜欢冒险的优等生共筑未来。皮巴迪谈到"不"如何成为一切好主意的起点。

以下是节录皮巴迪进入威廉姆斯学院的经过，尽管起初，作为后进生的他并无入学资格。他最终与威廉姆斯学院的一位教授合伙创建了三角架公司。以下就是皮巴迪的自述：当他听到"不"字时发生的故事。

"第一次发现自己爱上'不'这个字，是在我交大学申请的时候。当时我决定申请威廉姆斯学院，这所学校是全世界入学条件最为苛刻的高等学府之一。假如有一千人征询自己的辅导员，是否可以申请威廉姆斯，有一百人经过认真考虑后准备申请，有五人正式提出申请，最终只有一名幸运儿得以进去。入学申请能被接受，对我是毫无希望可言的。毕竟，我是个后进生。”

“果不其然，我收到了那个薄薄的信封：里面找不到学校几时开学，住怎样的宿舍，室友是谁之类的信息。取而代之的只是那封精心措辞的信，假如单刀直入，刨去一大堆华丽辞藻，无非一个字‘不’。”

“我需要一个计划。顾客的‘不’字已经出口，销售过程却才刚刚开始。我想这所学校既然是精英云集，招生委员会委员们的所见所闻应该是无所不包、无奇不有了。我决定作一个大胆直接、标新立异的尝试。我打听到了招生委员会副主任的电话，他叫科尼利厄斯（科尼）·雷福特。我打电话给科尼，对他说：‘你好，我叫波·皮巴迪，我不接受你们的拒绝。’”

“电话那头是长长的沉默。‘对不起，你能再说一遍吗？’”他说。

“‘我想上威廉姆斯学院，’我继续说，‘恕我冒昧，我认为招生委员会犯了个错，我想跟你们一起纠正这个错误。我正式向你提出，我不接受你们的拒绝，我会进入威廉姆斯。可能不是明年，但总有这么一天，我不着急。我有的是时间，我打算每年向威廉姆斯学院递交一份申请，直到你们接受。’”

“又是长长的沉默。”

“科尼清了清喉咙，说：‘我很欣赏你对进威廉姆斯的渴望。我想我从没接到过这样的电话，那么让我们来看看能做些什么吧。’”

遭到拒绝时，大多数人只是简单地接受。

永远不要轻言放弃，接受拒绝。

当你听到“不”时，正是开始奋力争取的时候。

晋升的烦恼

◇ 顾伟清

晋升，多么令人惬意，而有时也会惹来烦恼。

那天，姜敏校长从教育局开会回来，草草地吃了半碗饭后，对妻子说：“今晚你先睡，我有点事要办。”说罢，踉跄着钻进了书房。

时间过了十二点，书房里依然亮着灯。姜校长一会儿踱来踱去，噙着泪

水；一会儿又呆坐在椅子上，紧蹙愁眉。烟灰缸里塞满了烟蒂，整个房间烟雾缭绕。姜校长的咳嗽声越来越响，吵醒了隔壁房间熟睡的妻子。

妻子翻了个身，摸了摸旁边的枕头，爬了起来，眯着惺松的睡眼，推开了书房，房间里的烟雾呛得她一阵咳嗽。

“你还不睡？”妻子嘀咕着。“我……睡不着。”姜校长低声应和着。自从丈夫晋升校长后，一年比一年瘦，她心如刀割。

“憋在心里，你难过，我更提心吊胆，有什么心事，告诉我，好吗？”妻子关切地说。“我……我苦不堪言，都是……都是晋升惹的祸。”“晋升什么？”妻子一团疑惑道。“晋升校长。”姜校长低声说。“晋升校长？多少人趋之若骛的职位。怎么惹来烦恼？讲给我听一听！”妻子恳求道。

“谁能理解我的烦恼？”姜校长诉说着，“前天，网上一查，中考成绩全县垫底，我打了个寒噤。今天早上去局里参加质量分析会，我惴惴不安地躲在会场的角落里。接着发下来的各校成绩分析表，压得我喘不过气来。局长分析说，桃李中学三年来教育质量连升三个台阶，同样是农村中学的某校却连滑三个台阶，今年竟跌至末位，不知那位校长有何感想！此时，就像有一把针扎在我心上。分组讨论会上，我下意识地垂下了头，羞涩得想找个洞躲进去。回到学校，有人乘机煽风点火，许多教师，就连职工的神情都是怪怪的。有些家长提出要转学，这等于雪上加霜啊！学校的奖金还没着落，昨天我到镇政府想申请，还没等我开口，分管镇长劈头就问，今年中考怎样？这一下子戳到了我的软肋，叫我如何回答。原本想好的话，只能咽下去。”

“我理解你，倾诉吧！”妻子潸然泪下。

“无路可退，”姜校长接着诉说，“调到其他学校，如此糟糕的成绩，怎么调？继续在校长职位上挣扎，痛苦就会一直煎熬到退休。假如申请辞职，降为教导主任，我的脸面搁到哪里？”

“你吐出一肚子苦水，好受些了吗？”妻子安慰道。

“嗯！”姜敏点着头。

“不要为功名所累，退到原来胜任的职位上去。我比你洒脱，辞职报告我来写。一切风言风语，我帮你扛着。”

姜敏默然。

妻子当夜写好辞职报告，一式两份，分别寄给教育局和镇政府。

下学年开学初，教育局领导来校宣布：根据本人和家属的请求，经局党委研究决定，姜敏同志不再担任校长，改任教导主任。姜敏同志真正践行了“能上能下”的用人制度，值得肯定。

从此，姜敏重新回到了教导主任的职位上，所教的两个班的数学成绩年年遥遥领先。姜敏笑了，周围的人又投来了羡慕的目光。

三年后，姜敏参加全国劳模会议，戴上了大红花。面对记者的采访，他语重心长地说：“晋升不能盲目，要以能否胜任为标准，否则就有可能带来无法胜任的烦恼。就拿我来说，晋升为教导主任是天才，若再晋升为校长就成了庸才。”

馒头事件

◇ 侯焕晨

他是我的同桌，瘦瘦的清白的脸，人很老实，不大爱说话。

他家住在偏远的郊区，那里属于这座小城的贫困地带。

也许是家远的缘故，中午放学他不回家。学校有食堂，可一次也没有见他去过。他的午饭很简单，一个白面馒头，一根细细的黄瓜，一罐凉开水，天天如此。

冬天，每当第三节课下课铃声响起，他就从那个洗得发白的帆布兜里掏出用旧白纱布层层包裹的馒头，放在身旁的暖气片上烤热。

夏天，他走进教室的第一件事就是，打开纱布，把馒头放在书桌里，他是怕天热馒头坏掉。我们之间很少交流，自习课上，前桌后桌聊得热火朝天，而我们却很安静，他偶尔开口说话只是向我借橡皮小刀之类，之后又迅速转过头。渐渐地我对他产生了反感，都什么时代了，他的思想还像他身上穿的那件肥大的灰夹克一样陈旧。

班上有四个调皮的同学号称“四人帮”，整天无所事事，以欺负和戏弄同学为乐，而老师也拿他们没办法。他不合群的个性引起了“四人帮”的憎恶，“四人帮”经常变着法戏弄他。他置之不理。他平淡的回应更激起了“四人帮”的愤怒，“四人帮”认为他孤傲，看不起他们。

一天早上，他刚进教室，粉笔头从四面八方飞来打在他的身上脸上。我以为他这下一定会愤怒地大吼大叫，但他像什么事也没发生似的，很平静地抖抖衣服，挺直胸膛，走到座位上坐下了。

第二天，依然如故。不过这次“四人帮”发射的子弹是刚刚嚼过的泡泡糖。泡泡糖黏性很强，粘到头发上不容易拿掉，从上午到下午他都在对付粘在头发上的泡泡糖。我心里为他打抱不平，忍不住对他说：“你为什么不反抗？你为什么不告诉老师？”他淡淡地说：“我没时间理他们，我还要学习。”我觉得这只不过是他的借口，他在掩盖骨子里的懦弱。

安宁了几天，“四人帮”卷土重来。那天下课后，他刚把馒头放在暖气片上，就被“四人帮”的领头羊大强抢去了。大强把馒头当成了皮球，飞起一脚，馒头打在教室顶棚上，又落在地上滚到了讲台旁边。“四人帮”一伙儿用挑衅的目光看着他。他的脸由红变青由青变紫，他猛地站了起来，双手颤抖着，眼睛瞪得好大。

突然他猛地一拍桌子：“你们，你们太过分了！”大强还是嬉笑着一副满不在乎的表情。“你们可以戏弄我，但是必须尊重我的馒头！”他喊了起来。大强上前一步，身后的三个追随者也凑上前来，教室里弥漫着浓浓的火药味。

他平视着他们，一字一句地说：“你们欺负我，我可以不在乎，因为早晚有一天你们会明白那是不对的。可是请尊重我的馒头！你们应该知道那是我的午饭！”大强一伙儿不动了，看着他。“我家全靠妈妈一个人操持，爸爸长期卧病在床。本来我是应该住校的，本来我中午应该去食堂吃饭吃菜，可是我家没有钱！而在家里，只有我一个人可以吃馒头，我妈说我上学不能缺了营养，而我7岁的妹妹只能眼巴巴地看着！每天晚上，妈妈都用小锅在炉子上给我蒸一个馒头，只能蒸一个。一袋面可以蒸好多馒头，正好维持我一学期的午饭……”他说不下去了，眼里噙满了泪水。

大强一脸愧疚地低下了头。他擦了擦眼泪，离开了座位，大强一伙自动闪到了一边，他弯下腰捡起了那个已经裂开大口子的馒头，用手擦拭着，我清楚地看见他那大滴大滴的泪珠落在馒头上……

第二天早上，他的桌子上堆满了好多食品，有汉堡包、面包、火腿肠，其中有一个醒目的半透明大塑料袋里面装满了蛋糕，那是大强送的。

他站起来向同学们鞠躬，教室里响起了震耳欲聋的掌声，“谢谢”两个字被他重复了十几次。

我们都明白，其实我们应该对他说声谢谢，那天，他用他的行为给我们上了永生难忘的最有意义的一课。从那以后，我不再把自己的观点强加于身边的每一个人，不再挑剔家人为我做的每一顿饭。因为我知道，每一个人都有他的自尊和坚持的一面，每一顿饭里都含有亲人对我的无限关爱。

一次难忘的招聘

◇蓉　娜

大学毕业了，这一段时间还真忙。我不断地在人才市场和网上应聘，可情况总不尽如人意。

10 月的一天上午，我突然接到一个电话，对方要求我在本周三下午两点到北部新区的一个公司应聘。我急忙打开电脑搜寻，原来是我在网上报名应聘的一家外资企业要招收五名项目经理。但当我知道报名人数已达到 300 多时，我的心又有些凉，看来希望不大，只好碰碰运气了。

周三下午天公不作美，雨下个不停，但我还是准备好相关的应聘资料，提前出发。通过门卫得知应聘在办公室大楼二楼右边人力资源部办公室。

大楼非常气派，楼外左右各有一条绿茵小路。小路旁是花园，花园中有石桌、靠椅……好美的工作休息环境，要是我能在这里工作该有多么惬意。

我没有坐电梯，步行上了二楼，来到招聘室，只见门手柄上挂着“应聘请稍等”的木牌。

招聘室外有一把靠背的三人座木条椅，有点陈旧，我想这也许是用来临时接待招聘者的座椅吧。我随意地坐在木条椅的中间，可木椅有点晃动，突然觉得有一个小东西顶了一下臀部，我下意识地站了起来，可我的裤子又被一个什么东西钩住了似的，一看原来是椅子陈旧，木契松动使得木条中的钉子头冒出一小点。如果人坐在中间或者不小心起立时，裤子就可能被钉子头钩住；如果起身过猛钉头可能会刮破裤子。

这讨厌的钉头，我想用手把它按下去，以免别人再受伤害，但不行。我只好脱下鞋子用鞋底按压，可还是不得力，突然想起花盆边的鹅卵石，于是到花盆中挑了一个大的使劲向钉头砸去，这下成功了。钉头与木条吻合了，我又把椅子两边突出来的木契敲了两下……

当我再坐上椅子时，招聘室的门开了，一位应聘完的男生走出，紧接着有人叫到我的名字。

招聘室有两位工作人员，两张桌子分别放着电脑，工作人员给了我一份英文资料，要我翻译成中文输入电脑，之后又问了我很多专业知识方面的问题，我一一回答。“面试完毕，请等通知。”工作人员说。

我平静地走出招聘室，门外的木椅上已坐了两个应聘者。当我正准备下楼回家时，好像听见后面有人叫我。

“何小姐、何小姐，请留步，经理要见你!”

我被带到二楼的另一个房间，房门上写着“总经理”，一位五十开外的男士接待了我。

“何小姐，你的面试资料我已经看了，我们决定录用你，请你下周一上班。”

我愣住了，刚才不是叫我等通知么？怎么一下这么幸运呢？看着我惊呆的傻样，经理微笑了，他顺手打开电视机……

电视画面是招聘室的门外，一位男子坐在木条椅上被钉头挂了裤子，他恼怒地骂了一句。

第二个画面仍是上面的场景，一位小姐的裙子好像被钉头挂住了，她狠狠地踢了椅子几脚，嘴里不知在说什么。

第三个画面是一位女士的裤子被钉头挂住了，她于是从挎包里拿了一本书垫着坐。

第四个画面是一男青年，他为了解气，坐在木椅上左右摇摆，似乎要把木椅摇垮才甘心。

第五个画面是又一男青年，他索性用脚把椅子拽到过道的另一边，自己宁愿站着。

……

后来看到我的画面，关了电视机，经理说：“这就是我们录用你的原因。”

我有些腼腆，站了起来，抬头望见经理背后墙上用中英文写着科学家罗蒙诺索夫的一句名言：“不会做小事的人，也做不出大事来。”

人狮情未了

◇珍 言

这是一个真实的故事，视频放上互联网还不到一个月，点击人次竟达到一千六百多万次。这段纪录片拍摄于二十多年前，不知道何以今天才公开。据说一九六九年两名澳大利亚籍年轻人约翰·伦德尔和艾斯·伯克，住在英国伦敦西部，为一家具店打工。一天，有朋友告知哈罗德百货公司有小狮子卖，二人非常好奇，前往观看，一头刚出生不久，重十六公斤的幼狮，关在笼子里，二人花了二百五十英镑买下它。他们像许多饲养宠物的人一样，爱它，和它玩，带它上公园玩球、上餐馆、坐他们的私家车。幼狮非常驯良，和一只大猫一样，二人给狮子起名叫“克里斯蒂安”。

小狮子长得很快，一年后已有八十四公斤，一周的伙食费达三十英镑，两个小伙子开始感到为难。一天，一对夫妇来买家具，他们是刚拍完电影《狮子与我》的主角演员。该片描写的正是一头母狮放归自然的故事，作者是肯尼亚的动物学家乔治·亚当森。这对演员介绍他们和乔治联系。联系后，他们决定将狮子送去肯尼亚野生动物保护区。这时克里斯蒂安已十八个月大。

到肯尼亚后，约翰与伯克和乔治一起，将爱狮放生，让它回归自然，做一个真正的野生狮子。放生那天，狮子依依不舍，仰天大吼一声，才离开主人。确认它可以独立生存并安全后，他俩回到英国。之后，他们也数次去肯尼亚探视心爱的狮子。一九七四年，即爱狮五岁时，乔治报告，他已跟踪不到克里斯蒂安，约翰、伯克决定去和爱狮作最后的告别：看它一眼也罢。他们知道克里斯蒂安已完全恢复了动物的野性，再不是他们的宠物和玩伴了。

奇妙的是，就在二人抵达野生动物保护区的前一天晚上，克里斯蒂安突然现身。乔治告诉约翰与伯克，他们可以“会见”它了，但小心它野性发作，把二人撕成碎片。第二天，这两个“身着牛仔裤，留着金色长发”的年轻人，来到保护区等候他们从前的宠爱。克里斯蒂安终于出现在远处，它慢慢走过来，同行的还有一头母狮。克里斯蒂安似乎认出了过去的主人，它加快步伐奔向约翰和伯克。

可以看到他们二人喜形于色，毫无被袭的恐惧。接下来的镜头是：克里斯蒂安完全像人一样用前肢拥抱它的主人，双爪搭在约翰和伯克肩膀上，不停地狂热地亲他们，用舌头舔他们的脸，它和二人在地上拥抱，滚在一起。

约翰后来说："我们激动地哭起来，不停地哭泣，狮子似乎也流下泪来。我们永远不会忘记这段最后的宝贵时光。"

告别之后，二人回到住地，爱狮跟着去，在帐篷外盘桓之后，带着它的妻子，恋恋不舍地消失在茫茫的丛林中。

现在，约翰伦德尔仍住在伦敦，从事保护动物的工作，伯克则回到澳大利亚，生活在一个小农场中。他们一九七四年的经历被当时保护区的人员拍下来，二〇〇六年才首次出现在一个 DVD 中，七月份有人将片子放上互联网，并配上惠妮休斯敦动人的歌曲《我永远爱你》。约翰说，他不介意让更多人知道"这个充满了爱的故事"。

三十多年过去了。约翰和伯克都已六十四岁，他们的爱狮恐怕已经死去（动物学说狮子寿命三十年），但是这段"人狮情未了"的故事将长久地留在人类的记忆中。它显示地球上的生灵，无论高级低级，都有不同程度的感性和追求自由的天性。西方人那样爱护动物，保护动物，这是西方文明的一部分，也是我们中国人相形自惭的一部分。

佟老师的实力

◇ 张运国

半年前，佟梅应聘来到一所大学里当教师，而且还兼任毕业班的班主任。这天下午，班长刘长丽找到佟梅，磨叽了半天，终于红着脸，低声说："佟老师，你也请同学们一次客吧。"

佟梅愣了一下，笑着说："怎么回事，平白无故的为什么让我请客？"

刘长丽着急起来，说："佟老师，看来你是真不知道。现在，差不多每个班主任都在偷偷请班里的学生吃饭了，就你没有。"刘长丽叹了口气，接着说，"马上就到年终了，按照往年惯例，学校里要对班主任老师进行评比，优秀班主任的待遇会增加很多，不优秀的还会被辞退、待岗。而所在班里的学生们投票又是其中一项重要指标，起着决定性的作用。现在，很多班主任为了笼络同学们的心，都悄悄请了同学们的客。”

佟梅听到这里，吁了口气，知道刘长丽怕自己在评比中败下阵，提醒自己也请同学们的客。但是，佟梅却说：“我平时待同学们不错，而且各方面工作也是名列前茅。难道我不请客，到时候同学们就会投我的不称职票，让我落选?”

刘长丽搓了搓手，想了一下说：“这事很难说。同学们眼看就要毕业了，而且不少同学已经开始到处应聘，效果又都不理想，所以心理上有一些新变化，甚至迁怒于别人。如果你不请客，真的不敢保证到时候会是什么样。跟你说实话吧，已经有同学在我们班的QQ群里公开鼓动，说如果你不请客，到时候就不投你票，让你下岗、待业。”

佟梅听后，想了一下，笑笑说：“谢谢你的好意，这事容我好好想一下。”

刘长丽劝过之后，心想佟老师一定会请同学们的客。

可是，一直等到投票的那一天，佟梅依然没有请同学们的客。结果，她在所有班主任的评比中综合得分最少。学校里严格按规定办事，当即对佟梅做出了待岗处理。班主任当不成了，收入也随之降了下来。

刘长丽找到佟梅，哭着埋怨说：“一再劝你，让你请客，你不请，结果怎么样?”

佟梅叹了口气，痛心疾首地说：“真想不到，同学们会是这个样子。”不过，好在佟梅很豁达，过了几天像是把这事儿给忘掉了，见了同学们仍像以前一样，有说有笑。

这天，一家大型外资企业到学校公开招聘，同学们个个摩拳擦掌，竞相应聘。

经过几天折腾，结果终于揭晓，让同学们感到意外和惊奇的是，班上没有一个人入选，倒是他们的原班主任佟梅榜上有名。

同学们看到这个结果，个个心里很不是滋味。晚上，在QQ群里，刘长丽说话了：“同学们，请注意，今天我把佟老师请到这里，下面她将用我的号，跟大家聊天。相信大家会感兴趣的。”

佟梅说：“同学们，你们可能认为，为上次评比的事，我恨大家。其实一

点儿也不恨，真的。我无权评价学校里开展这项活动的利弊，但是，有一点是我特别想告诉大家的，那就是靠那些拿不到台面的手段和方法去迎合大家，可能会获取暂时的成功，但真正的竞争却需要实力。同学们，你们马上就要走向社会了，竞争无处不在。但是，任何竞争都是实力的竞争，指望小动作没有用，至少不能长久。另外，我还要告诉大家，这个外企我虽然应聘上了，但我不会去。因为，我还有更好的选择。而我之所以参加这次应聘，是想用我的行动，让大家理解其中的道理。最后，我郑重地邀请同学们，明天晚上去海鲜城吃饭。谁不去，谁就不够朋友。”

佟梅说完，QQ 群里半晌无声无息，随后闪出一连串竖大拇指的图标。

只要我那一份

◇杨志杰

列车加速前行，那小贩突然像一只打足了气的皮球，追着列车又跳又叫。列车飞速冲出小站。我和车厢里的人们齐声怒骂小贩。

去年 8 月下旬，我乘火车去北方出差。当时正赶上学生入校高峰，按票找到座位时，对面临窗的位子上已坐着一个 20 岁左右的男孩。黑红的脸庞，穿得很旧的夹克。见我一直盯看，他憨憨一笑，露出洁白的牙。

“你是到学校报到的新生吧？”我问。他点点头。

“考上什么学校？”

“××大学。”他声音很低。

“名牌大学呀！”莫名的兴奋使我冲动地叫出声。周围的人显然听见了，羡慕的目光齐聚男孩。男孩害羞似的低着头，脸更红了。

车窗外大同小异稍纵即逝的风景，车轮与钢轨咬合发出单调的声音以及从窗外飘来的异乡的空气，使车内一个个兴奋点慢慢消逝。

“哪位旅客需要盒饭？”服务员推着银白色的餐车从窄窄的过道挤了过来。车厢内弥漫着的饭菜香味勾起了人们的食欲。我要了酒肉摊在小桌上，大吃大嚼。

男孩目光扫了餐车一下，喉结轻轻一提，然后低下头，在帆布包里摸索了一阵，掏出一个紫红的陶罐，小心夹在腿间，又从包里摸出干硬的大饼。陶罐里是萝卜条制战的深褐色的咸菜。男孩左手握住饼，右手捏一条咸菜，啃咽干饼时，他的右手弯成掬水状，小心接着饼屑。

我心里一震，把酒肉推到他面前，请他吃。他将手中的饼扬了扬，客气地说："谢谢。"

列车驶入一个小站，停下了。车外立刻扑来一群小贩，高举着各种食品、水果大声叫卖。"矿泉水，一块两瓶"，这价钱要比列车上的便宜好几倍。男孩显然是渴了，他把头伸出车厢。

"矿泉水，一块钱两瓶。"一个头发染黄的20岁左右的年轻人举着水瓶兴奋地叫卖。男孩小心翼翼地摸出张票子。

"买一瓶水。"男孩递出10块钱。小贩一把抓过钱，开始低头找钱。只是他一会儿摸摸上衣袋，一会儿摸摸裤袋，着急的样子，好一会儿，小贩只是从下到上，从上到下简单重复着动作，并没有找钱的意思。

列车已缓缓启动，男孩急了，"快找钱呀！要不把钱还我！"那小贩盯着移动的列车，突然抬起头，向男孩晃着10元票子，拉着怪调说："拜拜吧，您哪。"

无耻的骗子！我冲动地想往他那张恶心的脸上吐口水。就在这时，突然见男孩猛将半个身子弹出窗外，闪电般将小贩的帽子抓回车厢……列车加速前行，那小贩突然像一只打足了气的皮球，追着列车又跳又叫。列车飞速冲出小站。我和车厢里的人们齐声怒骂小贩。

涨红了脸的男孩愤然把小贩的帽子往桌上一摔，那小帽里竟然跳出一沓钱！看样子有两三百元。"太好了！""报应！""这钱正好用在学习上"，面对这戏剧性的一幕，人们刚才的愤怒突然烟消云散，车厢里响起了掌声。

男孩显然没想到会有这种局面。他盯着钱愣了一阵，突然他从那沓钱里找出一张10元的票子，放进帆布包里，然后抓起帽子裹着剩下的钱一把扔到了车窗外。花花绿绿的钞票像枯叶一闪便飘飞得无影无踪……

车厢里除去车轮和钢轨碰击的声音，一片安静。男孩看着四周大家怪异的表情，抬起头，重重地说："我只要我那一份。"

我们为高考牺牲了什么

◇曾 颖

王老师是四川某地一个小县城中学的教师，是当地唯一获得过“全国优秀教师”称号的人，他教的班级升学率总是名列前茅。

2000 年高考前夕，他带的高三班以及他的女儿都在积极备考的时候，他突然发病住院，经查是肝癌晚期。为了不影响孩子们的考试，他叮嘱家人不许把他的病情告诉女儿和同学们，以便让他们安心考试。

这作为一个秘密一直被保守着，直至高考结束揭秘时，他已离开人间 13 天。

直觉告诉我，这是一个感人的故事，我怀着功利的目的赶往他所在的县城。其时，追悼会已经结束，他的女儿忧伤地看着父亲的遗像发呆。我实在不好开口提采访的要求，决定先采访他的同事和学生，侧面了解一些情况。

可得来的信息却有些出乎我的意料。他的学生们对他的死反应都很平静，甚至有点冷漠。

同事们则叹息，说王老师是累死的，教毕业班压力大。他每天早上五点半就起床，去看着学生早自习。他班上的学生比别的班起床至少早一个小时，而晚上，要晚睡一个小时。这样的话，他每天差不多要在学校待十七八个小时。他的升学率和成绩，是这么逼出来的，他也是这么累死的！但他的苦心和付出，学生们并不理解，很多孩子在心中暗暗恨他。他的班每届升学率是最高的，但毕业后回来看他的学生却很少。

王老师的妻子告诉我一件事：王老师为了保证学生们每晚补课后不饿肚子，经常叫妻子给孩子们蒸馒头送到教室去，但每次吃完之后，学生们都要把锅砸烂。

在王老师家的厨房里，我看到被学生们砸烂的铁锅，上面千疮百孔，让人惊心。

我问王老师的女儿：“你知道同学们为什么砸锅吗？”

女儿叹了一口气，说：“同学们不是恨锅，而是恨补课。每天十几个小时的学习，把大家都快搞疯了。有几次，我也砸过！”

她说这话时，背对着父亲的遗像。照片上，四十几岁的王老师显得很苍老很疲惫。我想，天堂里应该没有高考吧？王老师的灵魂在那里也许能得到安息。

杨成武：击毙日军“名将之花”

◇ 陈绪礼

1939 年 10 月下旬，日军华北方面军第 110、第 26 师团，独立混成第 2、第 3、第 8 旅团各一部共 2 万余人，分多路对晋察冀抗日根据地北岳区进行冬季“扫荡”。11 月 3 日，由涞源城出动的日军独立混成第 2 旅团独立步兵第 1 大队主力，被八路军部队歼灭于雁宿崖。晋察冀军区第 1、第 3 军分区抓住日军每遭歼灭必急于报复的特点，迅即做好连续作战的准备，隐蔽待机。4 日晨，日军独立混成第 2 旅团旅团长阿部规秀中将率独立步兵第 2、第 4 大队共 1500 余人，再次向雁宿崖、银坊方向急进，企图寻歼第 1 军分区主力。晋察冀军区即令第 1 军分区司令员兼政治委员杨成武统一指挥第 1、第 3、第 25 团，游击第 3 支队，第 3 军分区第 2 团，第 120 师特务团等，共 6 个多团的兵力，在民兵配合下，先以少数兵力调动、激怒日军，再将其诱至有利地形予以歼灭。

日军于 4 日夜到达雁宿崖村。5 日晨，日军进至张家坟一带，游击第 3 支队、第 1 团各以一部节节抗击诱其深入；第 25 团、游击第 3 支队各一部，前出至涞源城东五回岭、浮图峪，城西灰堡、石佛袭扰和迷惑日军。当晚，日军主力进至司各庄等地，扑空后即大肆烧杀抢掠。6 日，日军在游击队的诱击下，于黄昏进抵黄土岭。杨成武决心于黄土岭东北上庄子至寨头之间狭谷伏击日军。遂以第 1 团及第 25 团一部并加强第 1 军分区炮兵连占领寨头东南、西南高地；第 3 团占领上庄子东南高地；第 2 团占领黄土岭东北高地；特务团由神南庄北进，从黄土岭东南方向加入战斗。当夜，日军发现黄土岭西北有八路军部队活动，感到有被围歼的危险。7 日晨，阿部规秀率部冒雨向上庄子、寨头方向边侦察、边交替掩护前进，以避开八路军主力，绕道返回涞源

城。但却始终未能发现两侧高地上的数千名伏兵。15 时，当其全部进入设伏地域时，预伏的第 1 团、第 25 团一部迎头阻击，第 3 团和第 2 团分别从西、南、北三面包围，展开猛烈攻击。日军猝不及防，急忙抢占上庄子东北高地，并向寨头阵地反扑，双方展开激烈的山地争夺战。16 时许，第 1 团指挥员发现在黄土岭与上庄子之间的一座独立家屋附近有多名日军指挥官活动，即令迫击炮连对准目标轰击，阿部规秀被击毙。经数小时激战，日军被歼过半，余部被压至上庄子附近狭谷底部。当夜，日军残部连续突围十余次，均被击退。

与此同时、驻涞源、蔚县、易县、满城、唐县、完县的日军第 110、第 26 师团及独立混成第 2 旅团余部分路向黄土岭方向增援。各县区游击队广泛开展袭扰活动，以牵制增援的日军。8 日，被围日军在 5 架飞机掩护下，向上庄子西北方向突围。第 1 团和第 25 团一部把突围的日军拦腰截断，并包围了被阻截在上庄子的 200 余名日军。约 400 名日军突围至上庄子西北高地，继续向司各庄方向逃跑。第 2 团从右翼、第 3 团和特务团从左翼迂回追击，与逃跑日军展开激战。为避免陷入增援之敌的重围，在给突围和被围日军再次杀伤后，晋察冀军区和第 120 师参战部队撤出战斗。

这次战斗，毙伤日军 900 余人，缴获大量军用物资，打击了侵华日军的疯狂气焰。独立混成第 2 旅团是日军的精锐部队，毕业于日本帝国陆军大学的阿部规秀号称精通山地战的“名将之花”。击毙日军中将指挥官，在中国人民抗战史上是第一次，为此举国庆贺。而敌人则痛心疾首，日军华北方面军司令官多田骏哀叹：“名将之花凋谢在太行山上。”

步枪打飞机

◇ 吕霄凌

自从 1937 年初秋，著名平型关伏击战打败了日军不败的神话，我国军民便英勇地打击日军，并创造了不少的神话。

步枪打飞机，听起来简直就是神话，但爷爷却给我讲了这个真实的神话。1939 年 10 月某天，我平西抗日根据地挺进军十团八连在门头沟斋堂川青白口永定河畔与日军展开激战。挺进军隐蔽在河边山林中占据有利地形打击来犯之敌，日军匍匐在河北岸光秃秃的河滩上，目标暴露无遗。战斗打响后，水面上，河滩上日军尸体横七竖八，伤亡很大。不甘失败的敌人，在太阳快落山的时候调来飞机，妄图以空中优势遏制挺进军火力，挽回败局。

头上敌机猖狂呼啸，硬拼就中了敌人的圈套。看看手中顶不上劲的步枪，战士们攥紧拳头眼里喷出仇恨的火焰。敌机在八连阵地上空时而盘旋时而俯冲，战士们的武器装备与敌人悬殊太大，如果跟敌人拼火力肯定吃亏。地面的日军得到空中支援后，乘势又向八连阵地逼了过来，情况万分紧急。

这时候，十团的徐存洋等 20 名战士奉命赶来增援八连战士。徐存洋和战友们很快隐蔽好，等待战斗时机。他观察后发现，由于八连阵地在山谷之中，敌机投弹轰炸就必须尽可能接近地面俯冲，才能对阵地造成威胁。所以，敌机俯冲下来的时候距离地面很近，就好像就擦着战士们的耳朵飞。而且，俯冲一次，敌机就得赶紧拉升，不然就会撞到山石上机毁人亡。敌机不能连续轰炸，攻击力就减弱不少。得到这样的结论，徐存洋心里有了数。

徐存洋发现不远处有棵大树，就趁敌机拉升的空挡迅速奔到大树下隐蔽好，待敌机俯冲迫近的时候，他“噌”地闪出身体，抬起手中的苏制水连注步枪“啪”的就是一枪。敌机翅膀一抖，直奔徐存洋藏身的大树横冲而来，“嗒嗒嗒”一梭子子弹打在石头上火星四溅。徐存洋机智地就地十八滚，藏到一块巨石后面。说时迟那时快，趁敌机还没顾得上拉升喘息，徐存洋抬手对准敌机又是一枪。这一枪，小日本的飞机吃不住劲了，只见飞机左右乱摆，尾巴拖着长长一道黑烟，一个猛子就扎在塔岭沟中。战士们欢腾了。日军飞行员至死恐怕也不相信，自已的飞机会被挺进军战士的普通步枪给打了下来。

挺进军战士徐存洋用步枪打下日军飞机的消息，很快在平西抗日根据地传扬开来，鼓舞着抗日军民更加顽强地抗击日本帝国主义者。

魂归狼牙山

◇ 凌侨　整编

峭壁嶙峋云缠雾缭的狼牙山横卧在河北省易县西南部，其主峰海拔 1100

米，“群峰耸出，状如狼牙”，故名狼牙山。山的北边有条易水河，当年燕国义士荆轲别燕太子丹去刺秦王时吟出了“风萧萧兮易水寒，壮士一去兮不复返”。那慷慨悲歌融入易水永远回荡，滋润着这里的人民，化成了一代代儿女的血液，铸就了他们坚韧不拔的性格。

1941 年 9 月 25 日清晨，班长马宝玉、副班长葛振林和战士胡德林、胡福才、宋学义等五位热血男儿在这里以一当百，阻击了 2500 多名日寇的轮番进攻，掩护主力部队和两万多名群众转移。他们埋伏在棋盘坨山腰，利用地形的险要，打退了敌人一次又一次冲锋，敌人急得哇哇乱叫。

时过中午，日寇在大炮和飞机的掩护下发起第五次攻击，像饿狼一般恶狠狠地直扑过来，那黄蜡蜡的衣服、明晃晃的刺刀越来越近，手里还摇着太阳旗子哇啦哇啦直叫：“优待优待的……”成群的炮弹又呼啸着飞来，炮火引燃荆棘柴草，大火弥漫着阵地，硝烟熏得战士们眼泪直流。葛振林的棉衣也着了火，他脱下来一扔，一会儿就烧完了。

他们边打边往高处撤，太阳偏西的时候，终于胜利地完成了任务，准备前去追赶部队。可是敌人穷追不舍，为了主力部队和群众的安全，他们毅然放弃生还的希望，沿着相反的方向，攀上了棋盘坨主峰。敌人疯狂地嚎叫着蜂拥而来。五壮士无所畏惧，坚守阵地，与敌人决一死战，拼杀到底。他们的子弹打光了，松动的石头扔完了，最后一颗手榴弹在敌群中开了花。凶顽的敌人越逼越近，嚎叫着：“抓活的，抓活的！大大的有赏！”

横在他们眼前的三面都是万丈悬崖，另一面堵满了戴着钢盔的鬼子兵。马宝玉抓住葛振林的手臂，断断续续地说：“老葛，咱们牺牲了，有价值……无论如何，不能当俘虏！”葛振林明白班长的意思：你是副班长，五人中只有我俩是共产党员，应该做出榜样，便说：“人牺牲了，枪也不能叫敌人得！”敌人像蚂蚁般爬了上来，马宝玉随手一扔，“呼”的一声，那支崭新的“三八大盖”飞下悬崖。葛振林举起枪往石头上砸，没有砸烂，也随手甩下山谷，其他三位战士的眼中噙着泪花，举起心爱的枪，狠狠地摔了几下，敌人在继续疯狂地嚎叫，朝他们步步逼近，五位战士坚定地昂起头，一步一步走向悬崖……

敌人想到跟前活捉他们。马宝玉正了正军帽，像发起冲锋一般大声喊叫：“同志们跟我来！”顿时，狼牙山的群峰峡谷间回荡着一阵阵气壮山河的口号声：“中国共产党万岁！”“打倒日本帝国主义！”……五勇士跳下悬崖，有3人壮烈牺牲，葛振林和宋学义被树枝挂住，未坠落崖底，绝处逢生。

几多回梦见狼牙山，手中搂着棋盘坨峰。葛振林魂归狼牙山，狼牙山的山谷雾霭氤氲，依然弥漫着当年激战的硝烟，似乎在欢迎这位远方游子的归来……

2005年3月21日23时11分，在湖南衡阳169医院，那顶天立地的老英雄、狼牙山五壮士之一的葛振林因肺功能、心功能、肾功能衰竭，经抢救无效，心脏停止了跳动。享年88岁。

空军老兵彭嘉衡

◇萧翎　整编

2005年3月，中国抗日战争纪念馆和北京航空联谊会分别收到一份特殊的礼物：1945年8月，由美国政府颁发的飞行十字勋章。送礼物的人是彭嘉衡，一位84岁的老人。“那是我在对日作战飞行了64次之后获得的。”彭老说，其中的一枚，和美国前总统老布什得到的勋章一样。

“我原名不叫彭嘉衡，我叫彭淮清。”彭嘉衡笑着说，“可大家都这样叫了我60多年了，也不用改过来了。”不仅在中国内地，即便在他出生之地的印度尼西亚小镇昔加罗，流传在华人社群中的一位抗日英雄的故事，主人翁也是彭嘉衡，而非彭淮清。

1921年，彭淮清出生在印尼加里曼丹岛昔加罗小镇上一个华人家庭，父亲是从广东省梅州宁县漂洋过海来到印尼谋生的。1936年，彭父把淮清送回故乡宁县，同来的还有弟弟淮汉。两兄弟被同族中人安排进了当地比较好的宁县一中就读。很快，抗日战争爆发了。“卢沟桥事变之后，我们学校就停课了。”彭老回忆道，“许多同学都不再读书了，纷纷投考军校。”这年，淮清也跟随同学报考了黄埔军校第14期，但没有考中。

1938年秋天，彭淮清跟随比他高一年级的三个同学从梅州出发，准备转道武汉投奔延安，去读抗战大学。“到了广州之后，碰上日本人的飞机每天都来轰炸，粤汉铁路已经中断了，就没去成武汉。”在广州期间，广东省无线电

学校改编的第四集团兵的交通兵团正在招生，淮清前去报考，结果以后备生被录取。一个月后，广州沦陷，学校迁往韶关，淮清又被分配到了有线电信营，担任了少尉见习军官。

黄埔军校的大门再次向淮清敞开。“这年，黄埔第17期在韶关开始招生，我想再次去试试。”但他没有高中毕业证书，于是，他找到了老乡彭嘉衡，借来了他的高中毕业证前去考试，不想却考中了。“我的电信营长是我的老乡，他也很高兴我能考取黄埔军校，就催我赶快到招生办公室报到。”由于是借名报考，还差点闹出笑话，“我去的时候正赶上点名，当点到彭嘉衡的名字时，我没反应过来，大厅里寂静无声，一连点了三次，我才突然如梦初醒. 赶紧回应了一声。”

就这样，彭淮清变成了彭嘉衡，开始了他在祖国大陆的军旅生涯。

1944年冬的一天，彭嘉衡执行任务去长江流域侦察，并伺机轰炸日军战舰。“从空中望下去，能看到日军军舰上的太阳旗，我当时心中怒火陡然升起。”彭嘉衡说，这次冲动差点让他丢掉性命，“我驾驶着飞机低空向军舰俯冲过去，心想还不如把飞机与日军军舰同归于尽。”就这样想着，他快要挨着军舰的时候，突然想到自己一个人牺牲了是小事，可是部队却少了一架能与日军作战的战机，便又把飞机拉了起来。

这次，彭嘉衡是贴着日军的炮火冲出来的，在枪林弹雨中，飞机中弹有些抖动，但他还是驾机脱离险境回到了驻地。彭嘉衡驾驶的是当时最先进的P－51野马战斗机，即便油箱被击中还可以自动封闭，而日军的战机与之相比性能相差甚远。

但也有战友未能像彭嘉衡那么幸运，在战机受伤的情况下安全返航。有一天，芷江机场突然降落了一架摇摇晃晃的B－25中型轰炸机，飞机还没能进入跑道便一头栽地，机身立刻起火燃烧了起来。“飞机里还有一位飞行员，被夹住了出不来，大火烧身，飞行员的叫声异常惨烈，一旁的救护人员也束手无策。”彭老回忆起那一幕仍感心惊肉跳，“这时，一位美国飞行大队长跑了过来，他拔出手枪向大火中的飞行员连开了两枪，看着飞行员死去，大队长把手枪扔进了燃烧着的飞机，低着头慢慢走开了。这位大队长边走边哭，满脸的泪水，他内心的痛苦在场的每一个人都看到了，亲手打死自己的战友，那是迫不得已的事情，后来，军事法庭判这位大队长无罪。”

芷江机场的航空条件设施比较差，碎石子筑起的跑道很短又很窄小，在跑道的两头是两个小山，三面环水，作为机场并不是理想之地，但对战事吃紧的中国战场，芷江机场所起到的作用在战争届期非常显著，压制了日军在华南、中南、西南的空中炮火。

条件奇差的机场时常让对日军作战无损的飞行员却在降落时不能走出机舱。就在大队长开枪打死飞行员不久，一位美国飞行员驾驶的飞机也是在迫降后起火。“我们未能看到他活着走出来，火熄灭后，我和战友赶去查看时，看到他的身体被烧得剩下了很小的一团，但他坐着的姿势仍然是双手紧紧握着驾驶盘的样子，让我们肃然起敬。”

凡是在中国战场的美国飞行员，只要执行过50次任务，就可以得到回国休假的机会，而且还可以获得优异飞行十字勋章。彭嘉衡的飞行超过了50次之后，他得到了到后方重庆休假一个月的机会，在那里，他结识了现在的妻子。1945年8月14日“空军节”，也就是日本宣布战败投降的前一天，彭嘉衡获得了美国政府颁发的两枚勋章，其中一枚为优异飞行十字勋章，和悬挂在美国前总统老布什胸前的一模一样。

生命在律动中升华

——叩响巴蜀律动课堂

◇马　宏

课堂是实施素质教育的主渠道、主阵地，也是一所学校内在核质的外显。走入巴蜀“律动课堂”，你常常会看到这样的镜头：

“周韵梓，我很希望还能成为你的朋友，你能原谅我吗？”思想品德课上，杨攀源小朋友发自内心的表白，对友情真诚的呼唤，换来了两位小朋友的真情拥抱，感动了课堂上的所有孩子，以及场下的众多评委。

——原来，一年前两位小朋友曾因琐事中断了友谊。攀源内心渴望能和小伙伴重归于好，却不知怎么办。廖泽萍老师了解这一真实故事之后，巧妙利用课堂教学，引导学生面临矛盾如何与人和谐相处，才出现课堂上感人的

一幕。多检讨自己，多宽容别人，这是孩子们课后最大的收获。

“巴蜀律动课堂除了注重行为素养的培养，更注重思维、情感素养的培养。”廖老师对律动课堂的理解，折射出这一阶段全校基础学科课程律动课堂大练兵的磨砺，代表了巴蜀教师对律动课堂新一阶段探索方向的思考。巴蜀人注重思想与行动并举，不断追问课堂应该带给儿童的价值，聚焦目标、系统推进；不断研究文本、理解教材，在发现问题、解决问题中收获；不断整合身边的研究力量形成有效的研究团队，以开放的情怀、有思想的行动，强调研究成果转化落根，在思考和探究中获得可持续成长。这样的追求生、本、教和谐共振的课堂，即巴蜀正在研究的“律动课堂”，它是巴蜀小学“与学生脉搏一起律动”办学理念在日常课堂教学中的生动体现。

这样充满生命活力的课堂如何获得？巴蜀找到了一个重要的推进形式——团队，学校课程部全面统筹课程管理，学科项目负责人领衔组织，学科组长带领本学科教师团队进行日常教科研整合，人人落实好课程实施。这使得巴蜀“律动课堂”像一个大的教育“场”，通过改变学习、工作习惯来改变师生生活方式，促成广大教职员工内化办学理念，用自己的行为去浸润、成就学校文化。

巴蜀人不是在完成学校交给的任务，也不仅是在上课，而是在汇集团队之力，找准理念与行动的结合点育人，育“头脑科学、身手劳工”、自信、豁达、优雅的走得远之巴蜀人！这里，团队的合作多于竞争，智慧在与学生的互动中生成，激情在团队熔炼中迸发，大家共识与共行，在对教育理想的不断超越中获取心灵富足，享受和体验生命成长的全过程。伴随律动，升华的不仅仅是学生的生命，还有教师的生命。这，不正是巴蜀人追求的美好的教育境界吗？

超级模仿“秀”

◇ 晏慧菊

这是一节作文课，我指导学生审题、构思、列提纲……给学生作好写作辅导，布置完任务之后，学生开始埋头“奋笔疾书”，教室里只听得一片“沙

沙”之声。松了口气的我随手拿起批作业的红笔在手上把玩，红色的笔杆在指间晃悠着上下游走，然后在拇指端上做着漂亮的回旋，最终似一朵粉色莲花落入掌心，这些都是学生时代练就的无聊技艺。等我无意抬头时吓了一跳：学生们那本该低头写作的黑黝黝一片脑袋瓜子不知什么时候全抬起来了，眼光还齐刷刷地紧盯我的手上。

“酷毙了！老师，你比刘谦玩得还要棒！”我正愕然间，坐在前排调皮的程成站起来首先嚷道，一副佩服得五体投地的样子。

“漂亮。太精彩了！”“是啊，真帅。我也想学。”……

同学们七嘴八舌议论开了，有的还为我鼓起掌来。我一阵脸红，看到学生们全然忘了自己正在写作文，赶紧伸手示意程成坐下。我不好意思地说：“都是些雕虫小技。以后有机会我可以教教你们，不过，现在得把作文写好。”

本是安抚学生的权宜之计，没想到学生还很上心，一有空就追着让我教他们玩这种指头间的游戏。更没想到的是，几个学生还真学得像模像样，引得其他同学跟风效仿，一时间，全班兴起了这种游戏，一些同学为了学会这些技巧，就连上课也不忘“勤学苦练”。以至于有副科老师上我这来告状，说学生们上课思想不集中，很多同学玩笔，时不时有笔掉地上，也影响前后的同学听讲。

看来情况严重了，我不由深深地自责起来，全因我课堂上作出了这种有悖于为人师表的举动，俗话说“解铃还需系铃人”，这事情因我而起，还得我去处理。对学生一顿训斥苛责？肯定不行。严令禁止他们不能玩这种小游戏？好像也说不过去……这真是让我煞费苦心。

主题班会课，我在黑板上板书了大大的几个字——超级模仿“秀”！学生们抬头望着我，满眼的诧异。我开门见山地说：“今天的主题班会——超级模仿‘秀’，就是请同学们发挥你的表演才能，模仿教过你的老师在课堂上的一些个性动作语言，让大家猜一猜你‘秀’的是哪一位老师。”学生们在下面窃窃私语，这勾起了他们的好奇与表现欲望。于是，过不多久就有同学上来表演了：有的模仿某老师声情并茂地讲课；有的模仿某老师在黑板上龙飞凤舞地板书；有的模仿老师上课时喜欢挥动右手慷慨激昂地陈词；有的同学模仿老师讲课时老来上个“啊！”之类的口头禅；有的模仿老师动不动就抬手去扶一把眼镜；有的模仿老师翻开书又合上，黑板很干净非要拿板擦擦几下；有

的模仿老师在讲台后不停地晃动着腿；有的模仿老师时不时抿一下额头本来就很整齐的头发……

学生们的表演才能不得不令人佩服，模仿到位的同学一“秀”一个准，猜对的同学也欢声雷动。待大家表演得差不多了，我故作诧异地说：“怎么没有人来‘秀’一下我啊？”我提示性地拿支笔在指端转了圈后一把抓住，同学们面面相觑，却还是没有上来模仿的。“谢谢同学们给我留面子，其实能模仿我的同学大有人在。刚才同学们的表演惟妙惟肖，既‘秀’了一些老师的光辉形象，也‘秀’了一些老师有瑕疵的言行。借今天的班会课，我要向大家道歉，因为我在课堂上玩笔，这纯属无效行为，既分散了你们的注意力，还使得有些同学仿效我，结果影响了自己的学习不说，还妨碍了其他同学上课听讲。最惨的是还有老师到我这里来‘投诉’呢，他不知道，这罪魁祸首正是我啊。”我夸张地苦着脸指着自己鼻子道。同学们都善意地笑了起来。“那，同学们知道以后该怎么办了吧？”我趁机说道，“上课不准玩笔了！”在大家的异口同声中我作出“OK”状。

在课堂教学中，老师的一言一行能起到“此时无声胜有声”的效果，正如“只可意会不可言传”一样，动作语言已成为一个很重要的方面，有时一个眼神，一个手势，一次点头都能使同学们心领神会。而无效的动作语言在课堂上则会分散学生的注意力，具有一定程度的危害性。所以，我们为师者，要时刻注意自己的形象，做到处处为人师表！

笔袋里的钱

◇ 王彩芝

讲桌上放着一个笔袋，外皮是粉红色碎花图案，看上去很温馨、很漂亮。可是，它跟主人分道扬镳有一周多的时间了，没有哪个小朋友去认领它，现在只能孤寂地待在一个小角落里。

不过，有一个小秘密，只有这个讲桌的主人——香儿老师知道。前两天，香儿老师坐在讲桌前批改作业，将衣袋里的三元三角钱随手装进了笔袋，当时没有人发现，因为那时候同学们都在室外上体育课。

又一个周的时间过去了，香儿老师突然想起笔袋里的三元三角钱。于是，她打开笔袋，可是，香儿老师傻眼了，里面的钱不翼而飞。香儿老师又仔细地查找了一遍，仍然找不到。钱又没长翅膀，哪儿去了呢？

香儿老师拼命地回忆，也想不起她何时把钱给拿出来了。那么最大的可能就是，有谁发现了笔袋里的秘密，私自把钱给取走了。那又会是谁呢，时间这么久了，从哪里人手查寻？如果就这样直接地问是谁拿走了笔袋里的钱，傻瓜也不会承认；可是不查寻，悄无声息地遗失了三元三角钱，香儿老师又心有不甘，怎么办呢？

想着想着，香儿老师笑了，因为她想出了一条妙计，她决定试试。

上课前，同学们双手搭在课桌上，腰板也挺得笔直，他们正等着香儿老师给他们上精彩的语文课。可是，今天有些怪，香儿老师不是让大家读课文，而是要跟同学们做一个游戏。做游戏？太高兴了，哪个孩子不喜欢玩游戏啊。

只见香儿老师举起那个被冷落已久的笔袋，在同学们面前晃了晃，笔袋上的粉色碎花似乎也跟着动了起来，像是在跟同学们打招呼。

“小朋友们，这个笔袋漂亮吗？”香儿老师脆生生地问，那声音跟漂亮的碎花一样美。

“漂——亮——”学生拉长了音，整齐地回答香儿老师的问题。

“这么漂亮的笔袋，想不想得到它啊？”香儿老师笑盈盈地继续问，那亲切的笑容衬托着粉红色的笔袋，愈发激起了学生的占有欲。一声声参差不齐的“想得到”回响在教室上空。

“那么，如果谁能猜中这笔袋里有多少钱，老师就把这个笔袋送给他。”香儿老师一脸的认真，一点也不像开玩笑。这一下，教室里沸腾起来了，一双双小手高高举起来，他们都想猜中笔袋里有多少钱，就像我们购物希望中大奖一样。

“不要急，都有机会的，公平起见，我们排队一个一个猜，看看最后谁能猜中，笔袋就送谁。”香儿老师有条不紊地说。

“我猜里边有100元。”

“我想里边只有1元。”

“我觉得里边大概有10元。”

……

小朋友们都沉浸在猜谜游戏的快乐氛围里，当全班同学都猜完了，小朋友们便急切地问香儿老师，到底谁猜中了。

香儿老师手里拿着这个粉色的笔袋走到一个小朋友的面前，就在刚才，这个小朋友很自信地站起来，用响亮而又肯定的声音说“笔袋里一分钱都没有”，是啊，笔袋里当然一分钱都没有，他猜中了。香儿老师很守承诺，她真的把这个漂亮的笔袋送给了这个孩子。

不过，晚上放学的时候，香儿老师把这个孩子留了下来。她只是准备了一个故事——《诚实的列宁》，她要将列宁如何打碎花瓶，如何撒谎，又如何承认错误，最后成为一个诚实的孩子，亲口讲给这个孩子听。

香儿老师讲完故事，鼓励孩子能像列宁一样做个诚实的人。笔袋和那三元三角钱的事，香儿老师只字未提。

第二天，香儿老师的语文书里夹着一张纸条，上面歪斜着写了一行字，“老师，对不起，我从笔袋里拿走了三元三角钱，我错了，您能原谅我吗?”

香儿老师微笑了，眼角有一点点的湿润，她朝着纸条点了点头，在她的心里，她早就原谅了这个孩子。

选秀：水果拼盘

◇ 张先彬

临近期末，学校各部门对一年来的教育教学及本部门的工作反思、梳理、总结、汇报紧锣密鼓地进行，每个人都在认真思考，力求对一年的工作有一个系统的分析，找出规律性的事情，思考每一件事的价值是否围绕学校办学规划和中心理念、促进了学校的工作、服务了孩子的成长？力求甄别出最有价值的事项来发扬优点，促进与指导下一个学年度的工作。

2010 年 6 月 2 日是巴蜀小学物业部承办学校行政会的日子，物业部的老师们计划先请学校行政指导学校紧急疏散的演练工作，然后指导学校物业开发的生活体验课程，最后物业部的教师们再就本年度的工作向行政做一个汇报，希望得到更多的支持、理解、建议和指导。

生活体验课安排的是一节水果拼盘课，我们邀请了资深的祝老师来执教，餐饮物业团队的所有老师全力配合。祝老师经验丰富，语言生动，精心准备，同学们也头戴大厨帽，身着大厨衣，俨然就是一个知名的厨师。大家在学校学生餐厅因地制宜，进行着别开生面的体验课堂。

祝老师充满激情地说："小小拼盘作用大，家宴国宴都能上！"并把自己预先制作好的果盘展示给孩子们说，"孩子们，看看这果盘好看吗？"孩子们脆生生地齐声说："好看！"祝老师立即追问："为什么感觉好看呢？""你最喜欢哪一盘？"同学们就把自己的想法说开了。祝老师的果盘，有红色的圣女果，紫色的提子，青色的葡萄，还有火龙果，黄瓜片……，加上祝老师精心设计了图案，搭配合理，形象生动，色彩斑斓，孩子们早被吸引住了，赞不绝口，跃跃欲试。

祝老师按每 6 人一个小组，把孩子们分成了 7 个小组，让孩子们合作学习，每一个人先说自己构思的图案，再说拟选用的素材，最后说水果拼盘预设的名字，在小组中交流，听取同伴的建议，完善自己的方案。经过祝教师的启发引导，同学们相互启发，每个人都完成了自己的作品。祝老师看到孩子们的作品满心高兴，并送给孩子们一首小诗：

小小水果甜又甜，
做成拼盘真好看。
家宴国宴都能上，
幸福生活甜又甜！

同学们都开心地和老师一起吟诵这首小诗，脸上洋溢着满心的快乐和喜悦。

最后祝老师请听课的老师与孩子们互动，选出今天最优秀的十份水果拼盘作品。我心里想，怎么选呀？应该按什么标准呢？作为听课的老师，我怀着忐忑不安的心情和大家一起走到孩子们中间去，欣赏每一个孩子的作品。每个孩子都很可爱，作品都有一定的思考，我没有想出一个很好的评价办法来促进孩子们的进一步成长。马校长也在孩子们中，胸有成竹地欣赏每个孩

子的作品，最后说道："请自己感觉自己的作品是很优秀的孩子，把自己的水果拼盘作品端上前台来。"很多孩子一时没反应过来，不知所措。马校长再次强调说："孩子们，如果你认为自己的作品是很棒的，请把他放到前台来和大家一起分享！"

孩子们看看自己的果盘，又看看校长，从马校长鼓励的眼神中，一部分同学把自己制作的果盘放上了前台桌子。

"只有相信自己的人，才能创造出世界上最美丽的作品，每个巴蜀的孩子都要相信自己，做自信的巴蜀人。"

如何选出最好的果盘作品？智慧的马校长给出了答案。

我要一个人睡！

◇许　丽

家长会结束了，陈佳歆的妈妈没有走，等大家都走得差不多了，她问问女儿最近的情况。我说她非常出色，是班级的领军人物。她妈妈不好意思地笑起来，说："学习上是好的，不用我们操心。但有件事我想请您帮个忙，晚上她老是挤在我们床上，能不能让她一个人睡觉？她很听老师的话。"我答应了。

陈佳歆真是非常出色的小孩子，聪明过人，诚实善良。奥数竞赛的时候，她有一道题不会做，到结束的时候突然想到了，可是老师说："小朋友们，时间到，请放下笔。"她真的就放下笔，不肯多写一个数字。班上有个小男孩有一天还反问我："你不是说人人都有缺点吗？我觉得陈佳歆就没有缺点。"面对这样一个在小伙伴心里十全十美的小女孩，她妈妈的难题让我权衡再三。

如果单独找她谈，冰雪聪明的她一定知道是妈妈告的密。本来在家就对妈妈撒娇耍赖，这不是又多了个怨恨的理由吗？在教室说，肯定不行。孩子们都很敏感，可能会影响她的完美形象。本来就是很私密、很生活的事，我正儿八经地和她在办公室说，这么要强的孩子会惭愧好一阵。轻轻说一下，可能效果又不好，而且这也是一个很普遍的问题。我想还是在班上公开说。

晨会课上，我让孩子讨论一下：“你觉得什么是勇敢？你见过什么勇敢的行为?”孩子们七嘴八舌地说开了。

“我上次一个人去超市买牛奶，妈妈说我很聪明。”

“警察很勇敢。”

“做了坏事，承认错误也是勇敢。”

“有一次我一个人在家，一点儿也不害怕。”

“上次打针，李嘉洛马上要哭，但他忍住了没有哭，我觉得他也很勇敢。”

……

我说：“小朋友们说了这么多勇敢的事情，现在我要请你们判断一下，我下面说的事情是不是真的勇敢。”孩子们都屏息凝视，教室里静悄悄。

“第一件事：小明下楼梯，一下子跳下去五级。”孩子们摇头，说会骨折的。

“第二件事：捅马蜂窝。”孩子们又摇头，有的喊这是逞能。

“第三件事：晚上，小明对妈妈说，我现在已经二年级了，我要一个人睡。”孩子们纷纷说“是的是的”。

我趁热打铁：“这个小明真不容易，能主动要求一个人睡觉，多勇敢啊。虽然这是一件小事，但我从这件事看出小明真的长大了。他不是嘴上说说我长大了，而是用行动来表示的。”不等我说完，就有小朋友在座位上说我也是一个人睡的。于是我又说：“我知道我们班有很多小朋友在家里就是一个人睡的，你们也很勇敢。在我们刚刚出生的时候，只有一点点大，和妈妈挤在一张床上没关系，我们现在已经长这么高了，可是床一点儿也没长，还和妈妈睡，妈妈只能睡窄窄的一块地方，多累啊。”我的目光没有在谁的脸上多一点儿停留，孩子们都盯着我呢。

第二天，陈佳歆悄悄地告诉我：“我昨天一个人睡的。”

过了几天，她妈妈特意到学校对我说：“许老师，真要谢谢你。这几天她都是一个人睡的。还有个情况能不能再帮我说说她——早上拖拖拉拉，不肯吃早饭，好几次差点迟到。”

我笑了，想起了马卡连柯说的话：学校应该领导家庭。

30秒的“和”

◇程　晶

当我从李明静老师口中得知廖泽萍老师在思品赛课中以优异成绩荣获一等奖时，心里有说不出的高兴和激动。

这个第一名来得并不容易，从大环节的设计，到每一个细节，都是老师们经过反复揣摩、反复实践得出的最佳答案。或许就因为一个小小的过渡语，老师们都会争得面红耳赤，当然，这不是为了证明自己的观点，而是为了教学的尽善尽美。

本节课的主题为“学会和谐相处”，正好2008北京奥运会开幕式的“活字印刷术”表演中有三次展现“和”字，老师们希望通过这段30秒的视频引入课题，于是，我承担了剪辑相关视频的工作。

网上供于下载的开幕式资源并不多，而且文件比较大，仅仅是下载就花费了很多时间。第一次下载的开幕式由于是英文解说，我们选择放弃，重新搜寻另外的下载资源。

好不容易将中文解说版的开幕式下载好了，开始剪辑。但剪辑出的视频短片不够清晰，经过试讲后确实效果不佳，我们得找到更清晰的视频。

为了找到更清晰的视频文件，备训组提出去买DVD光碟的方案，可当时已是晚上九点多，书店九点半关门，要买就得抓紧时间。我以最快的速度打车赶到书店，9点25，可工作人员却告诉我9点20就不让顾客进入了。非常遗憾。

第二天，由于白天上课，放学带完交通车后又立马上晚自习，所以7点40才又投入到备训工作当中。虽然饿着肚子，也很疲惫，但看到所有老师都那么卖力地讨论了一天也才刚刚吃饭的时候，我又动力十足。

继续搜寻开幕式视频，为了保险起见，备训组还是决定先买一份开幕式DVD备用。于是我又打车来到书店，这次赶上时间了，但遗憾的是，开幕式视频已经卖完，这次又白跑一趟。

回到学校，我继续搜寻视频资源。功夫不负有心人，终于找到了高清开幕式视频文件，剪辑后，30 秒长的“和”字视频终于展现在老师们面前，这次清晰度很高，效果非常好，我也顺利完成视频剪辑任务！

30 秒的视频并不长，但是在这个细节上我们并没有马虎，而是精益求精，尽可能地去完善教学。

视频剪辑只是备训过程当中微不足道的一个故事，不值一提，但我想说的是：成功的背后，是无数的汗水和努力！

没有百分百的胜仗，只有百分百的努力！

零点课堂

◇ 罗京梅

时间已近零点……

窗外春雨绵绵，梁平县城的夜，伴着窸窣的雨声和昏黄的街灯显得格外宁静。宾馆房间里仍旧灯光闪烁，这里的“课堂”即将开始行课。

课桌是宾馆标间配备的麻将桌，围坐学生五人：张校长、程明敏、李斌、我和正在电脑旁修改课件、一心二用的张德军。老师——郑霖，身着白色衬衣，笑容可掬，挺精神的样子。看来，傍晚和衣而卧的小憩对他还真起了作用。

忽而，想起下午在联系好的学校最后一次试讲后，郑霖倦怠的脸，大家默默无语的神情——看来，真的着了急就不会有那么多的言语了！已经熬了三天了，别说上课的郑霖，就连我们也已经感到精力严重透支。明天就要上阵了，可直到现在，课还存在不少的问题。虽然领导们再三为大家减压，但每个人心里都明白，面对这样的竞赛，谁能回避巴蜀的荣誉？谁不期待为巴蜀的荣誉添金？我们能那么深切地感受到郑霖内心巨大的压力，于是下午一回到宾馆，大家便强迫他睡一会儿。剩下的人再次一字一句的研究教案，定稿，拟出提纲。一切结束后，喊醒郑霖，他随意吃了点我们给他端回来的饭，看上去精神了许多！

好了，开始上课。郑老师已经全神贯注。五位“学生”为了预设课堂的

各种可能性，要做最智慧、最刁难的学生。

“生活污水究竟有害吗？”老师显得很放松，状态不错。

张校长高高举起手，孩子般地说道：“当然有害了，污水那么脏，怎么会没有害呢?”

我故意制造混乱，坚决反对：“我不同意，我看见妈妈还用淘米水洗脸，听说可以美容呢?”

郑老师连忙表扬：“你真会观察生活！”我沾沾自喜，得意洋洋。

接下来是教学最重要的环节。

“下面展示各组同学设计的实验计划，请大家认真倾听，提出建议！”郑老师提出了要求。

“我们这组准备用动物进行试验……”正在修改着课件的张德军同学的回答滔滔不绝，口才一流。

他的话音刚落，爱思考的李斌“小朋友”就举起手来：“我觉得他们的实验时间太长？我们组有更好的办法……”

还没等郑老师发话，程明敏就叫停：“停下，停下，这里有问题，老师应该马上评价学生的回答，想想那段课件放在哪里更合适?”

随着教学进程的推进，我们不停地转换着自己的角色。一会儿是思维活跃的学生，一会儿又开始对老师的教学评头论足，说到有趣处，大家便都哈哈大笑起来。虽然此时的我因为腰痛难耐，已蜷缩在了床上，但看着“课桌”前史上最谦逊、认真的老师，看着五个最虔诚、可爱的学生，心中升腾起一种难以名状的温暖和力量。一个词语在此时此刻真正凸显了它深刻的内涵，那就是“团队”！

时间已过零点，课堂还在继续……

语文备赛镜头回眸

◇ 张瀛霜

喜欢茶，所以才品茶，但品茶时的我们是绝少去细辨每一片茶叶所释放

浓淡的芳香，因为其间每一片茶叶的生命本质都已经融进了每一滴水的芬芳。所以喜欢茶并不是缘于它的醇厚留香，而是感动于每一片茶叶在沸水间宛如新生共同绽放时的温润。感动一壶好茶中的每片茶叶，就像感动语文素质课堂竞赛备训组的每一个人，每每不经意的一句话、一个动作、甚或一个表情……都会沉淀下来，在记忆中定格成一幅幅写意画，品味其间。

镜头一（无声地待命）

时间：五月九号即抽课的当天　星期日　下午两点钟

备训组成员中的一位正去往抽课题的路途中，其他成员早已待命于圣陶阁三楼。身心全在待命中，那一件件不约而同多备的外衣，一副副屏息凝神研读课文的神情，甚至于一边的茶和咖啡都在用这种无声却又最深刻的方式交流和践行着彼此的使命：这三天，交出自己，紧紧相依，高速运转，大家将抱成团燃烧，决战生死之间，携手同行！

镜头二（被布“迷魂阵”）

时间：五月十号　星期一　午夜十二点半

从下午三点得知课题到午夜十二点半，除生理上的需要外大家几乎没有挪动位置，从拿到课题后的独立备课，再到随后的交流碰撞，选手的选择取舍，大家仿佛被施以了定身法，居然没人打哈欠。要知道平日里要是十二点不休息，定是呵欠连续不断，这下连正常的生理反应都没有了，想必真是被布下了迷魂阵。

镜头三（午夜和谐校园）

时间：五月十号　星期一　午夜十二点五十

课终于有了大的雏形，收拾东西起身才发现脖颈发麻，两眼酸涨。大家都用扭脖子的方式来还原喷薄状态。走出办公楼，发现午夜的校园静谧如画，美得想让人及时装帧一个画框，永远珍藏此情此景：灯下，结满晶莹露珠的深绿的叶丛，人影也在拾级而下的树影中重叠，意味深长地延伸着。有时候美就是这样简单，一种和谐一种内心的清明就足矣。

镜头四（不眠之夜）

时间：五月十号　星期一　午夜一点半到何时不详

钟表默不作声，虽一点过了又何妨，上午第二节便要按商定框架试讲，做课件的，当靶子上课的，对文本需深层次解读的开始在家各司其职，不论

是昼白还是夜黑，开亮着屋子和心里最亮的一组灯，灯火通明，听到窗外晨鸟响起的喳喳叫声才恍觉夜将过去。哎！曾经的夜都用来睡了真是一种资源的浪费呀！所以哪怕是血压一波未平一波又起，跨组参加的一宿未眠一宿再续。

镜头五（诠释“仙人板板”）

有句戏言称参赛选手为“仙人板板”，冷了有人加衣，热了有人摇扇，可以说无微不至。是的，赛课第二晚，见“仙人板板”累了，大家都极力鼓动“仙人板板”睡，而接下来的便是在“仙人板板”的隔壁房间，大家克服了种种环境和身体带来的不适或坐或站或跪梳理着教案，而且还要不断警觉地提醒小声点，生怕惊扰了隔壁的“仙人板板”。所以“仙人板板”的电话有专门的经纪人接听，包有专门的经纪人保管，服装搭配等生活细节均配有经纪人。要做到想他所不能想的，帮他做他不能做的，只因为“仙人板板”要做最重要的事。

镜头六（失眠之夜）

赛课结束了，躺在床上，眼睛睁得大大的。为什么？不为什么？已经习惯了不睡少睡，一下子怎么能习惯正常的睡呢？紧绷的脑神经不会失去弹性，收缩不回来了吧？

哈哈！在巴蜀，团队的合作多于竞争。谢老师如是说“有一种人生，你没有历炼过，就不知道其中的艰辛；有一种艰辛，你没有体会过，就不知道其中的快乐；有一种快乐，你没有拥有过，就不知道其中的幸福。所以我们每一个都幸福着。就像茶，因为懂每一片茶叶，所以品茶时便特别能品味其中的清香。

有没有人告诉你，我很爱你

——重庆市教委直属小学及主城区部分市级示范小学教师教学技能大赛精彩回忆

◇ 姜锡春

近些时间，在各地上课的时候，我总喜欢在上课前和学生一起唱陈楚生演唱的“有没有人告诉你，我很爱你”这句歌词，起初，仅仅是为了活跃学生，为上课做准备。慢慢的，在这句歌词的背后，我悟出了一个道理，那就是一名优秀的教师，首先必须热爱学生，热爱教育，这才是教好学生的前提，这才是为师之本！所以在今天总结之前，我同样想大声地和老师们先说上一句：有没有人告诉你，我很爱你！

作为一名教师，首先要有一颗爱教育、爱学生的心。这是我们教好学生的前提。怀揣这颗爱心，让我们一起跋涉在教育的路上……

——题记

下面我分三个方面总结如下：

一、走进“圆”

“认识圆”教学过程回顾（结合上课用的PPT进行）。

二、走近“援”

在这次比赛中，我得到了我的团队的大力支持，没有他们无私而感人的援助，就没有这次赛课的成功！

1. 我和我的团队是如何进行前期准备的？

一句话：与大赛组委会专家的脉搏一起律动。

第一阶段：开始通知我们参加比赛时，大赛组委会还没有确定是选用什么版本的教材，所以我们只好同时浏览重庆现试行的人教版和西师版两种教材，从整体上熟悉两种教材的编排意图和编排体系，以期能从中找到两种教材的结合点。

第二阶段：大赛组委会明确以人教版教材为参赛教材，各校选手分段参赛，并明确以现教学内容为主。于是我们开始深入研究人教版第八、十、十二册的内容，并对典型课例进行预测，同时安排一些成熟教师试讲，以期能从这些教师的试讲中找到智慧的灵光，找到一些典型课例的基本模式。

第三阶段：根据第一天上课内容抽签的情况，出乎意料地出现了单册内容，于是我们冷静而及时地重新分析七到十二册可能出现的内容，结合我们团队对教材的理解，根据抽签情况每天不断浓缩课的范围，以期能在心理上先行做好准备。

2. 我和我的团队是如何设计“认识圆”这节课的？

近几年来，我和我的团队一直在倡导“简单数学”的教学理念，一堂高水平的数学课，是尽量把抽象的数学知识简单化，让复杂的教学过程清晰化。所以我和我的团队确定了一节数学课要从引入部分、探究部分、应用部分几个核心板块去下工夫的教学思路准备。抽签前三天时间里，我和我的团队的所有成员几乎停止了一切前期准备，专心地投入到吃好睡好的休息状态，以期能有充足的精力应对接下来的几个不眠之夜。

4 月 19 日上午，我把班上所有的事情安排给了我的实习老师，回到家里，静静地等待赛课内容的出现，下午两点多钟，就在我刚刚午睡醒来的时候，李永强助理给我打来电话，告诉了我赛课的内容，虽然“认识圆”是我事先最不愿抽到的教学内容之一，但我还是迅速平静了自己的心态，立即把教学内容告诉了我的团队的所有成员，宣布从现在开始的 72 个小时全部处于工作状态，并通知前期负责准备这个内容的王恒老师晚上七点在巴蜀园试讲（因为在抽签前我们对可能出现的内容分别指定了老师进行深度专研，王老师就是负责这个内容），同时通知三园四到六年级的老师全部参与听课，因为我深深知道，我必须在前 20 个小时里拿出我初步的教学方案，否则越往后我的心理压力会越大。晚上七点，王恒老师如期在巴蜀园试讲，试讲一结束，我立即组织全体老师做一件事：为了节约时间，对于这节课的得与失，我们不做评论，我们只是想通过听王老师的课，来启迪我们如何上这节课？所以现在请每个老师静心地在纸上写出自己的主要教学过程—时间十分钟。安静的十分钟后，我们数学组的集体智慧开始得到了体现，首先是黎阳、荣秀平、何智勤等几个有经验的老师谈出了自己的思路，一些老师也做了补充，然后我立即上台，对整个过程进行综合整理，并指定了杨凌燕、徐祖明、党心池三位老师同时记录我在台上的叙述过程，当我们整理完毕，已经是九点三十分左右，于是我宣布散会，同时让三位记录的老师以最快的时间将整理的结果以教学过程的方式再次整理好以后发到我的邮箱里。回到家里，我在大脑里像放电影一样再次重现了刚才的讨论过程，接着就陆陆续续的收到了徐祖明、杨凌燕和党心池三位老师发给我的初稿。我立刻对课的整个设计根据自己的教学风格再次进行调整，当我把整个设计过程初步完成时，已经是晚上 2 点 30 分，距离李永强助理通知我赛课内容的时间刚刚过去 12 个小时。我立刻把设计方案发给远在万州的李永强助理审查。此刻，我心中的一块石头终于落地，虽然还没有试讲，但凭着自己20多年的教学经验，我已经从这节课的大体设计中感到了一丝欣喜！4月20日下午的托管时间，我在巴蜀园挂牌课教室进行了第一次试讲，4月21日上午，又在书院进行了第二次试讲，4月21日下午，赶赴万州。4月22日上午，在万州区电报路小学，又进行了第三次试讲，下午熟悉赛场并抽签上课班级，4月23日上午10点20分，肩负着巴蜀小学对我的期待，肩负着万州人民对我的厚望，我顶住内心的压力，终于平心静气的走上了比赛的讲台！

3. 我和我的团队之间的感人故事。

第一，智慧的引领。

在我抽到赛课内容以后，王恒老师为我们上了一节启迪智慧的课，她在上课时说的“化方为圆”这句话，给了我深深地启发，我想，这四个字不正饱含着圆丰厚的历史文化吗?！于是，我围绕“方”与“圆”的变迁，设计出了开始的套圈游戏这个环节；又如用手指画圆，感悟圆是曲线这个环节，实际是源于我在4月9日给来校的教研员上折线统计图时用手势表示音量的增减变化这个环节；又如在渗透数学文化这个环节中，我吸取了华应龙老师来我校时反复让学生领会“圆，一中同长也”的悟读方法，既渗透了数学的渊源文化，又弘扬了学生的爱国激情；尤其是在学生交流汇报圆的特征这一点上，我始终觉得不满意，深感这个环节不清晰简洁，黎阳老师、丁永红老师、杨春燕、曹玲、徐莉、刘苹老师等硬是一句句的帮我修正，特别是在赛课的前一天晚上，李永强助理再次召集杨凌燕、徐祖明、张帝几位老师给我指导这个细节，终于让我清醒的领会了这一个重要的环节。

第二，坚强的后盾。

在整个备赛的过程中，几乎卷入了我们数学组的全部老师，从开学起，杨玲老师、曾世勇老师、周智雄老师、党心池老师、刘苹老师、何智勤老师等就任劳任怨的给我们上示范课，在这个过程中，许许多多老师都积极的参与其中，尤其是书院的丁永红老师，每次总是辛苦的来往于几个校区之间；为了准备学具，杨凌燕老师自己掏钱到朝天门去为我购买，交给她的每一件事情，都准备得非常到位，尤其是到书院试讲那天，由于天雨路滑，她摔倒在地上，但她没有一句抱怨的话，继续默默地做着一切；薛永攀老师为了给我做课件，费尽了心力，尤其是临走前，由于车坐不下，临时通知他不去时，

他同样默默地接受了学校的安排，当我昨天看见他发给我的邮件时，我才知道他内心承受了多么大的委屈；徐祖明老师为了陪伴我，回到万州时，连自己的父母都不曾去看一眼，一直守护在我的身边；张帝老师为了查阅《墨经》一书中记载“圆，一中同长也。”这句话是距今一千多年还是两千多年，晚上一点还从宾馆跑到网吧去查证，我不断地收到徐莉、万美现等老师鼓励的短信……所有这一切，无不渗透着巴蜀人的团结与奉献，与其让我在这里逐一陈述每个老师在这个过程中对我的帮助与感人故事，倒不如让我默默地把你们的名字和故事铭刻在我的心里，请让我在这里对你们深深的鞠上一躬，以表达我内心深深的谢意！（鞠躬）

三、走向“爰”

爰：何处；哪里。出自《诗经·小雅》，爰其适归?

作为一个学校，尤其是作为一所名校，我们的教研方向又该走向哪里呢?!

通过这次的赛课，让我和我的团队对于这种规定时间的赛课，尤其是多种学科“大兵团同时作战”的赛课有了一些新的感悟：

首先是必须有一个团结奉献而智慧的团队，每个人都能积极热心的参与，换句话说，只有众人齐心划桨，方能开好大船！

其次是要正确理解赛课的内涵，因为它毕竟区别于献课、研究课、常规课，既然是比赛，就必须有所“胜”之处。在课的设计上，力求做到八个字：剑走偏锋，偏中有正。这里的“偏”是指课堂教学中的新意，它区别于四平八稳的传统教学，这里的“正”是指课堂教学的根。我们只有发挥我们的智慧，找到“偏”与“正”的结合点，才能设计出富有新意，体现新课改精神的优秀案例。

其三，对于这种短时间备课参赛，教师不仅要勤于平时的积累，更要具备良好的心理素质，还要能够在比赛前找准自己的侧重点，合理的分配自己的时间，因为这样的比赛无论是对人的身体、还是心理，乃至智慧都是一种煎熬与考验。

轰轰烈烈的重庆市教委直属小学及主城区部分市级示范小学教师教学技能大赛已经缓缓地落下了帷幕，通过这次比赛，我们应该清醒地看到，周边及区县的学校正在迅速崛起，他们对某些数学教学领域的研究甚至已经走在了我们的前面，展望我们以后的教研工作，我以为还是八个字：静心课堂，立足教材。其意是在系统分析教材教学内容的基础上，结合我校教师结构及学校教研的特点，确定学期或学年教研主题，分时分类的研究教材的各个部分，以期能吃透教材在各个领域的编排意图，打造典型课例，带动青年教师的迅速成长，形成具有巴蜀特色的教研活动。

最后，我用中国 CBA 联赛的主题歌来结束我的总结！（视频音乐响起）

相信自己！

相信自己的团队!!

努力打造具有巴蜀特色的数学教学!!!